變法圖強

歷代變法與圖強革新

杜友龍 編著

崧燁文化

目錄

變法圖強：歷代變法與圖強革新

目錄

近世時期 矯國更俗

序 言 變法圖強

文化是民族的血脈，是人民的精神家園。

文化是立國之根，最終體現在文化的發展繁榮。博大精深的中華優秀傳統文化是我們在世界文化激盪中站穩腳跟的根基。中華文化源遠流長，積澱著中華民族最深層的精神追求，代表著中華民族獨特的精神標識，為中華民族生生不息、發展壯大提供了豐厚滋養。我們要認識中華文化的獨特創造、價值理念、鮮明特色，增強文化自信和價值自信。

面對世界各國形形色色的文化現象，面對各種眼花繚亂的現代傳媒，要堅持文化自信，古為今用、洋為中用、推陳出新，有鑑別地加以對待，有揚棄地予以繼承，傳承和昇華中華優秀傳統文化，增強國家文化軟實力。

浩浩歷史長河，熊熊文明薪火，中華文化源遠流長，滾滾黃河、滔滔長江，是最直接源頭，這兩大文化浪濤經過千百年沖刷洗禮和不斷交流、融合以及沉澱，最終形成了求同存異、兼收並蓄的輝煌燦爛的中華文明，也是世界上唯一綿延不絕而從沒中斷的古老文化，並始終充滿了生機與活力。

中華文化曾是東方文化搖籃，也是推動世界文明不斷前行的動力之一。早在五百年前，中華文化的四大發明催生了歐洲文藝復興運動和地理大發現。中國四大發明先後傳到西方，對於促進西方工業社會發展和形成，曾造成了重要作用。

中華文化的力量，已經深深熔鑄到我們的生命力、創造力和凝聚力中，是我們民族的基因。中華民族的精神，也已

變法圖強：歷代變法與圖強革新

序 言 變法圖強

深深植根於綿延數千年的優秀文化傳統之中，是我們的精神家園。

總之，中華文化博大精深，是中華各族人民五千年來創造、傳承下來的物質文明和精神文明的總和，其內容包羅萬象，浩若星漢，具有很強文化縱深，蘊含豐富寶藏。我們要實現中華文化偉大復興，首先要站在傳統文化前沿，薪火相傳，一脈相承，弘揚和發展五千年來優秀的、光明的、先進的、科學的、文明的和自豪的文化現象，融合古今中外一切文化精華，構建具有中華文化特色的現代民族文化，向世界和未來展示中華民族的文化力量、文化價值、文化形態與文化風采。

為此，在有關專家指導下，我們收集整理了大量古今資料和最新研究成果，特別編撰了本套大型書系。主要包括獨具特色的語言文字、浩如煙海的文化典籍、名揚世界的科技工藝、異彩紛呈的文學藝術、充滿智慧的中國哲學、完備而深刻的倫理道德、古風古韻的建築遺存、深具內涵的自然名勝、悠久傳承的歷史文明，還有各具特色又相互交融的地域文化和民族文化等，充分顯示了中華民族厚重文化底蘊和強大民族凝聚力，具有極強系統性、廣博性和規模性。

本套書系的特點是全景展現，縱橫捭闔，內容採取講故事的方式進行敘述，語言通俗，明白曉暢，圖文並茂，形象直觀，古風古韻，格調高雅，具有很強的可讀性、欣賞性、知識性和延伸性，能夠讓廣大讀者全面觸摸和感受中華文化的豐富內涵。

肖東發

上古時期 革故鼎新

春秋戰國是中國歷史上的上古時期。這一時期是中國奴隸制崩潰、封建制確立的過渡時期,並出現了中國歷史上的第一次思想大解放,形成了「百家爭鳴」的局面。

在這樣的歷史背景下,各國變法運動風起雲湧,湧現出管仲、子產、李悝、吳起、申不害、趙武靈王及商鞅這樣的改革家。

這些改革先行者在經濟、政治、軍事、文化等方面的變法,為奴隸制向封建制過渡進行了革故鼎新。他們名垂千秋,永載史冊。

▌齊國管仲改革

■管仲畫像

　　管仲是春秋時期著名的政治家、軍事家、思想家和經濟學家。

　　管仲的一生，不僅建立了彪炳史冊的功勛，還給後世留下了一部以他名字命名的巨著——《管子》。他主張法治，全國上下貴賤都要守法，賞罰功過都要以法辦事；重視發展經濟，認為國家的安定與否，人民的守法與否，與經濟發展關係十分密切；主張尊重民意，以「順民心為本」。

　　他在內政、軍事、經濟和外交方面的變法改革，不僅使齊國大治，也使齊桓公成為春秋時期的第一霸主。由於他卓越的歷史功績，被稱為「春秋第一相」。

　　管仲少時貧困，曾和鮑叔牙合夥經商。在齊國的齊桓公與其兄弟公子糾爭奪王位時，管仲曾經助公子糾爭位，此舉失敗後，他經好友鮑叔牙推薦到了齊桓公這裡。

當時的齊國已經出現嚴重的財政危機，國庫空虛，同時齊國面臨著複雜的外部形勢嚴峻，各鄰國之間不斷發生戰亂，而對齊國也是虎視眈眈。在這種情況下，齊桓公經常同管仲商談國家大事。

　　一次齊桓公召見管仲，首先把想了很久的問題擺了出來。「你認為的國家可以安定下來嗎？」

　　管仲透過這個階段的接觸，深知齊桓公的政治抱負，但又沒有互相談論過，於是管仲就直截了當地說：「如果你決心稱霸諸侯，國家就可以安定富強，你如果要安於現狀，國家就不能安定富強。」

　　齊桓公聽後又問：「我還不敢說這樣的大話等將來見機行事吧！」

　　管仲被齊桓公的誠懇所感動，於是他急忙向齊桓公表示：「君王免臣死罪，這是我的萬幸。臣能苟且偷生到今天，不為公子糾而死，就是為了富國家強社稷；如果不是這樣，那臣就是貪生怕死，一心為升官發財了。」

　　齊桓公被管仲的肺腑之言所感動，便極力挽留，並表示決心以霸業為己任，希望管仲為之出力。

　　後來，齊桓公又和管仲進行了多次探討。由於管仲系統地論述了治國稱霸之道，使齊桓公的全部問題都迎刃而解，不久就拜管仲為相，主持政事。齊桓公還用古代帝王對重臣的尊稱「仲父」來稱謂管仲。

　　於是，管仲站在歷史的前沿，以一個改革者的魄力，對齊國的內政、軍事、經濟和外交實施了全面性的改革。

在政治方面，管仲透過行政區劃，把國都劃分為六個工商鄉和十五個士鄉，共二十一個鄉。十五個士鄉是齊國的主要兵源。齊桓公自己管理五個鄉，上卿國子和高子各管五個鄉。

管仲又把行政機構分為三個部門，制定三官制度。官吏有三宰。工業立三族，商業立三鄉，川澤業立三虞，山林業立三衡。

郊外三家為一邑，每邑設一司官。十邑為一卒，每卒設一卒師。十卒為一鄉，每鄉設一鄉師。三鄉為一縣，每縣設一縣師。十縣為一屬，每屬設大夫。全國共有五屬，設五大夫。

每年初，由五屬大夫把屬內情況向齊桓公彙報，督察其功過。於是全國形成統一的整體。

管仲整頓行政系統的目的是「定民之居」，使士、農、工、商各就其業，從而使部落的殘餘影響被徹底革除，行政區域的組織結構更加精細化，並且有效地維護了社會穩定。

在軍事方面，管仲強調寓兵於農，規定國都中五家為一軌，每軌設一軌長。十軌為一里，每裡設裡有司。四里為一連，每連設一連長。十連為一鄉，每鄉設一鄉良人，主管鄉的軍令。

戰時組成軍隊，每戶出一人，一軌五人，五人為一伍，由軌長帶領。一里五十人，五十人為一小戎，由裡有司帶領。

一連兩百人，兩百人為一卒，由連長帶領。一鄉兩千人，兩千人為一旅，由鄉良人帶領。五鄉一萬人，立一元帥，一萬人為一軍，由五鄉元帥率領。

齊桓公、國子、高傒三人就是元帥。這樣把保甲制和軍隊組織緊密結合在一起，每年春秋以狩獵來訓練軍隊，於是提高了軍隊的戰鬥力。

管仲又規定全國百姓不準隨意遷徙。人們之間團結居住，做到夜間作戰，只要聽到聲音就辨別出是敵我；白天作戰，只要看見容貌，大家就能認識。

為瞭解決軍隊的武器，管仲規定犯罪可以用盔甲和武器來贖罪。犯重罪，可用甲與車戟贖罪。犯輕罪，可以用值與車戟贖罪。犯小罪，可以用銅鐵贖罪。這樣可補充軍隊的裝備不足。

管仲的軍事改革，不僅實行了軍政合一，也達到了利用宗族關係來加強國家常備軍事力量的目的。

在經濟方面，管仲提出了「相地而衰」的土地稅收政策，就是根據土地的好壞不同，來徵收多少不等的賦稅。這一政策，使賦稅負擔趨於合理，提高了人民的生產積極性。

管仲又提倡發展經濟，積財通貨，設「輕重九府」，觀察年景豐歉，人民的需求，來收散糧食和物品。又規定國家鑄造錢幣，發展漁業、鹽業，鼓勵與境外的貿易，齊國經濟開始繁榮起來。

改革初見成效，這時齊桓公認為，現在國富民強，有資格會盟諸侯。

但管仲諫阻道：「當今諸侯，強於齊者甚眾，南有荊楚，西有秦晉，然而他們自逞其雄，不知尊奉周王，所以不能稱霸。周王室雖已衰微，但仍是天下共主。東遷以來，諸侯不去朝拜，不知君父。您要是以尊王攘夷相號召，海內諸侯必然望風歸附。」

管仲說的「尊王攘夷」，就是尊重周朝王室，承認周天子的共同領袖的地位；聯合各諸侯國，共同抵禦戎、狄等部族對中原的侵擾。攘夷於外，必須尊王，順應了當時戎狄內侵、中原各國關注如何抵禦的態勢。尊王成為當時一面正義旗幟。

在管仲「尊王攘夷」的建議下，齊國先是與鄰國修好：歸還給魯國以前侵佔的棠、潛兩邑，讓魯國作為南邊的屏障；歸還衛國以前侵佔的臺、原、姑、漆裡四個邑，讓衛國成為西邊的屏障；歸還燕國以前侵佔的柴夫、吠狗兩邑，讓燕國成為北部的屏障。

西元前六百八十一年，在甄召集宋、陳、蔡、邾四國諸侯會盟。透過會盟，齊桓公在諸國間獲得了極高的威信，最終成為春秋時期第一位霸主。

此外，作為一個思想家，管仲推行禮、法並重，也就是推行道德教化，也可以稱之為「德治」，形成了「霸業」和「禮治」相結合的思想體系。這就是他的禮、法統一理論。

管仲曾經說：「倉庫充實了，人才知道禮儀節操，衣食富足了；人才懂得榮譽和恥辱。君主如能帶頭遵守法度，那麼，父母兄弟妻子之間便會親密無間。禮義廉恥得不到伸張，

國家就要滅亡。國家頒布的政令像流水的源泉一樣暢通無阻，是因為它能順應民心。」

管仲的禮、法統一理論認為：在治國的過程中，禮義教化與屬行法制是相輔相成的。這一理論較之儒家的重禮教輕法制，較之秦晉法家的嚴刑峻法，較之道家的無為而治思想，無疑是一種更全面，更有價值的理論。

管仲改革實質是廢除奴隸制，向封建制過渡。他的改革不僅是對中國夏、商、周一千餘年政治發展史的總結，而且開啟了一個全新的時代。

管仲的改革措施使齊國的實力迅速強大起來，齊國出現了人民富足、社會安定的繁榮局面。齊國衰微的國勢迅速上升，為齊桓公的圖霸和齊國以後長期的大國地位奠定了基礎。

管仲的改革措施為諸侯國開創了全新的政治改革模式，對一個國家的政治、經濟、社會、軍事、外交等方面進行了系統的制度化改良，從而為諸侯國如何成長為一個真正的「大國」建立了全面而系統的改革模式。因此，他的改革成為了春秋戰國時期一系列改革運動的肇始先聲。

管仲的改革措施對後世有大量可以思考回味之處，比如重農而不抑商，再如藏富於民和寓兵於民的策略，的確是很高明，足以讓後世統治者作為參考。

走進歷史深處，當我們真正領略了管仲改革的風采，我們不得不在心靈深處為管仲在那個遙遠的時代所做的一切感到震撼！

閱讀連結

　　管仲與鮑叔牙感情非常的深厚，鮑叔牙對他也有著深刻的瞭解。管仲當初貧困的時候，曾經和鮑叔牙一起經商，分財利時自己常常多拿一些，但鮑叔牙並不認為他貪財，知道他是由於生活貧困的緣故。

　　管仲曾經三次做官，三次都被君主免職，但鮑叔牙並不認為他沒有才幹，知道他是由於沒有遇到好時機。管仲曾三次作戰， 三次都戰敗逃跑，但鮑叔牙並不認為他膽小，知道這是由於他還有老母的緣故。

　　管仲晚年曾數次向人說：「生我的是父母，但瞭解我的卻是鮑叔啊！」

▌鄭國子產改革

■子產畫像

　　子產名叫姬僑，春秋後期鄭國人，與孔子同時，是孔子最尊敬的人之一。他是春秋時期著名的政治家和思想家。

他在執掌鄭國國政期間，大力推行了一連串的政治、經濟改革，項項與鄭國的發展前途密切相關，如推行市場化改革，首創依法治國，廣開言路，在各方面都取得了很大成就，使鄭國在複雜艱難的情況下，保持了安定，經濟得到了發展。

此外，他在外交上也取得了成功，多次頂住了晉、楚的強權外交，保衛了鄭國利益和獨立的尊嚴。

子產與孔子同時，是孔子最尊敬的人之一。當時的鄭國地盤不大，處於周圍大的諸侯國的夾縫之中，形勢卻異常複雜。

國內政局也頗為不妙，鄭穆公的兒子個個都是鄭國有話語權的人，而且相互之間為了利益打得昏天黑地。子產親身經歷或親手處理過鄭國的許多政治事件，表現出了他的遠見卓識。

西元前五百六十五年，鄭國的公子發率軍攻蔡，獲得大勝，鄭人皆喜。子產卻指出這將導致楚國來攻和晉國反擊，而使夾在中間的鄭國飽受戰禍。

兩年後，公子發在貴族內訌導致的政變中被殺，鄭簡公也被劫持到北宮。子產沉著機智，部署周密後始率家兵攻打北宮，遂在國人支援下平息變亂。

新任執政公子嘉制定盟書，強調維護個人特權，引起貴族大臣反對。公子嘉打算強制推行，子產力勸他焚燬盟書，平息眾怒，以穩定政局。西元前五百五十四年，公子嘉終因專權被殺，子產得立為卿，任少正。

變法圖強：歷代變法與圖強革新

在同周圍諸侯強國的一系列交涉中，子產據理力爭，不卑不亢，儘量維護鄭國的權益。西元前五百四十八年，子產隨子展率師伐陳，強調注意軍紀，遵守傳統禮制。

事後在向晉國獻捷時，又有理有據地駁回了晉人的責難，迫使其承認鄭國的戰績。為此鄭簡公給予子產重賞，他卻只接受了與其地位相稱的部分，國人稱之為知禮者。

西元前五百四十七年，楚康王為慰撫許國率軍伐鄭，子產主張堅守不戰，讓楚軍獲取小利後滿意而歸，以換取較長期的和平。鄭人照此辦理，果然獲得了較長時間的和平。

西元前五百四十三年，鄭國大臣內訌，執政伯有被殺。子產嚴守中立，以其卓越的才能受到多數人的尊重，遂在顯貴首領罕虎的支持下，出任執政。

經歷了許多事情的子產明白，當前，如不經歷一場徹底的制度革新，內憂外困的鄭國萬難應付危局。於是，他在執政的當年，就大力推行了一系列改革措施。

子產首先推行市場化改革，實施了著名的「做丘賦」，就是按丘收取軍賦的制度，除了井田上的部分收穫歸國家所有外，私人土地也要徵收軍賦。

春秋時期，由於一些貴族佔田過度，原來的公田共耕的井田制已衰落，私有土地隨之出現，原來的賦稅制度也就實行不下去了，一些諸侯國被迫在田制、賦稅等方面陸續進行改革。

如齊國的「相地而衰征」、魯國的「初稅畝」、楚國的「量入修賦」等，其基本特點是不分公田、私田，一律按畝收稅，因而在客觀上帶有承認私有土地合法性的含義。

子產實施的「做丘賊」稍晚於其他諸侯國的改革，但在精神上卻是一致的。一方面，子產注意不過分衝擊激怒舊貴族；另一方面，對新湧現出來的私田採取比較寬和的政策，把土地連同土地上的居民以「伍」的形式編制起來，允許其正常生產，對其徵收賦稅。

從法理上說，對某事徵稅，該事也就在客觀上擁有了準合法地位。此外，「做丘賊」改革還有效擴大了軍賦的課徵量，增加了國家的財政實力，小小的鄭國很快擁有了七百乘以上的戰車。

而從當時土地私有者對新法的態度來看，丘賦的徵收量似乎並不很苛重，這應該是經濟發展、稅源豐裕的結果。

鄭國素來以商立國聞名於世。子產下令，不許貴族依仗權勢強買強賣商人的貨物，隨意干涉百姓的經商活動，從而給民營商業的發展開了綠燈。他還一反西周朝以來由官府監督商品價格的做法，堅持實行不許市場上的商人說謊價的政策。

此外，子產還認為，在市場流通中，商品價格的貴賤，不應由政府作預先的規定，而應隨行就市，依市場供求關係和商品的價值由買賣雙方自由擬定。

上古時期 革故鼎新

　　由於有政府做後盾，鄭國的富賈巨商經常在各諸侯國間從事經商活動。《韓非子》裡講述的那些有趣的故事，如「鄭人買履」、「買櫝還珠」等，都發生在鄭國的大街上。

　　子產這種尊重價值規律、主張商業自由的觀點，就是在整個人類文明史上也極有進步價值。

　　除了推行市場化改革，子產走的是依法度治國的路。在春秋時期，社會發展的新興力量反對舊貴族壟斷權力，主張公開有關法律，以維護經商自由、私人財產權利。

　　子產順應潮流，於西元前五百三十六年將修訂後的成文法公之於世，這就是著名的「鑄刑鼎」事件。這是中國歷史上第一次正式頒布成文法典，具有劃時代的意義。

　　根據「周禮」，貴族在法律上享有特權：「刑不上大夫，禮不下庶人。」刑律條文具有私密性，不能隨意擴散。因為西周及其以前的社會沒有成文法，也不需要成文法。統治階級的意志就是法。

　　而子產鑄刑鼎後，法與非法的界限清晰可見，國家定刑量罪有了公開的、統一的標準，法律便真正成為調整人們行為的社會規範。所有這些都是與「周禮」相牴觸的。由於普通百姓跟貴族享受了同等的權利，舊貴族的一項重要特權從此便被取消了。

　　子產之所以強調鑄刑鼎的作用，是因為改革是一個整體，田制、稅制、護商等一系列改革措施引發出諸多社會矛盾，需要新法提供保護，所以「鑄刑鼎」絕非一般的刑法，還具有維護和鞏固子產新政的價值。

據《左傳·昭公十六年》記載，當年鄭國大旱，屠擊等三大夫奉命祭祀桑山，卻伐光山上所有的樹木以祈雨。子產聞訊非常憤怒，認為祭山本為涵養林木，三大夫濫伐山林是有罪的，遂下令奪其采邑，把三個傢伙的飯碗給端了。

子產還非常注重廣開言路，他曾在不毀鄉校這件事上，集中闡述了統治者接納社會輿論監督的主張。

鄉校是休閒聚會的公共場所，人們常在這裡議論國事。

據《左傳·襄公三十一年》記載：鄭國大夫然明對子產說：「把鄉校毀了，怎麼樣？」

子產說：「為什麼毀掉？人們早晚幹完活兒回來到這裡聚一下，議論一下施政措施的好壞。他們喜歡的，我們就推行；他們討厭的，我們就改正。這是我們的老師。為什麼要毀掉它呢？我聽說盡力做好事就可以減少怨恨，沒聽說過依權仗勢能夠防止怨恨。」

「難道很快制止這些議論不容易嗎？然而那樣做就像堵塞河流一樣：河水大決口所造成的損害，傷害的人必然就會增多，我是挽救不了的；不如開個小口導流，不如我們聽取這些議論後把它當做治病的良藥。」

然明聽後心服口服。他說：「我從現在起才知道您確實可以成大事。小人確實沒有才能。如果真的這樣做，恐怕鄭國真的就有了依靠，豈止是有利於我們這些臣子！」

一個國家能否實現善治，最重要的是政治清明，廣開言路。子產以寬廣的胸懷接納社會輿論監督，不干涉民眾對朝

政的批評，這對統治者以社會輿論自檢，顯然有著積極的意義。

西元前五百二十二年，執政二十多年的子產逝世，因他一貫廉潔奉公，家中沒有積蓄為他辦喪事，兒子和家人只得用筐子背土在新鄭西南陘山頂上埋葬他的屍體。

消息傳到鄭國的臣民耳中，大家紛紛捐獻珠寶玉器，幫助他的家人辦理喪事。

子產的兒子不肯接受，老百姓只好把捐獻的大量財物，拋到子產封邑的河水中，悼念這位值得敬仰的人。珠寶在碧綠的河水中放射出絢麗的色彩，泛起金色的波瀾，從此這條河被稱為「金水河」，這就是現在鄭州市的金水河。

據《史記·鄭世家》記載，孔子聞及子產死，為之而泣，並說「古之遺愛也！」意思是他表現出的偉大仁愛精神，是古代賢明博愛的遺風啊！

事實上，子產在改革開始曾經遭到了鄭國人的反對，甚至有人說「孰殺子產，吾其與之」，意思是誰殺了子產，我將以傾家蕩產來奉獻他。

三年後，人們從改革的實效中體會到改革的好處，社會上，無論權貴還是百姓，大家對子產的看法也從懷疑、指責，轉向了信任和稱頌。

於是百姓編著歌唱道：「我有子弟，子產誨之；我有田疇，子產殖之。子產而死，誰其嗣之？」可以看出子產深得民心。

人民之所以會在改革初期對改革者一片唾罵，甚至是威脅改革者，這是因為人民並不瞭解改革的最終成敗，對改革者作出的承諾缺乏信譽支持，當然也對改革者的改革能力有偏見和懷疑。

　　改革者有膽識和魄力還不夠，要平和人民的情緒，那只有一種手法，就是關於改革的真理，一切改革的利益最終會會屬於人民。

閱讀連結

　　子產心地仁厚，孔子稱讚他：「有仁愛之德古遺風，敬事長上，體恤百姓。

　　每當有人贈送活魚給子產，子產從來不忍心，以享口腹，而使活生生的魚受鼎俎烹割痛苦，總是命人把魚畜養在池塘裡，眼見魚兒優遊水中，浮沉其間，子產心胸暢適，不禁感嘆地說：「得其所哉，得其所哉！」子產的仁德已普及擴大到物類。

　　由此可見，愛惜物命，放生善舉，並不只佛教提倡，像子產一樣的聖賢君子，自然也是遵守奉行的。

▌魏國李悝變法

■李悝畫像

　　李悝是戰國時期魏國著名的政治家，曾以魏文侯相的身分主持魏國變法，從經濟、政治、法律等方面進行了一系列發展封建制的改革。他的「重農」與「法治」結合的思想對後世影響極大。故一般認為他是法家的始祖。

　　李悝變法有效地打擊了舊制度，使魏國經濟得以迅速發展，國力日益強大，成為戰國初期的一個強盛的國家。

　　變法同時開起了戰國大變法運動的序幕，各國紛紛變法強國，最終匯成了一股時代潮流，這是中國古代規模最大、歷時最長、成效最顯著的一場變法運動。

　　李悝曾受業於子夏弟子曾申門下，做過中山相和上地守。上地郡為魏文侯設置，轄地為今陝西省洛河以東、黃梁河以北，東北到子長、延安一帶。上地郡西與秦為鄰，是魏國的邊防要地，常與秦國發生軍事衝突。

為了使上地郡軍民提高射箭技術，李悝下令以射箭來決斷訴訟案的曲直。令下後，人們都爭相練習射技，日夜不停。後與秦國人作戰，由於魏軍射技精良，因而大敗秦軍。

　　射技高低與是非的曲直是不能等同的，但李悝用此法來鼓勵人們提高軍事技術，並取得很好的效果，不得不說這是一個好政策。

　　因李悝在上地郡的政績不錯，魏文侯任用他為相，支持他的改革。李悝在魏文侯時，任相十年，主持了政治、經濟和刑法方面的變法改革。

　　李悝在政治上主張選賢任能，賞罰嚴明。李悝廢止了世襲貴族特權，將無功而食祿者稱為淫民。

　　李悝認為，有賞有罰，唯才是用，因此他主張「為國之道，食有勞而祿有功，使有能而賞必行、罰必當」；另外還要「奪淫民之祿，以來四方之士」。

　　這是戰國時甚為流行的法家主張，當時不少國家都因貫徹這些主張走向富強。

　　這樣改革的結果，使一批於國家無用而且有害的特權階層的人物被趕出政治舞台，一些出身於一般地主階層的人，可因戰功或因其才能而躋身政界，從而大大削弱了魏國的「世卿世祿制」，官吏制度也有所改善，政治情況較好。

　　這是中國歷史上第一次對腐朽落後的世襲制度的挑戰。此舉實際開創了地主階級對奴隸主貴族的鬥爭，為以後封建制代替奴隸制開闢了道路。

變法圖強：歷代變法與圖強革新

上古時期 革故鼎新

　　在經濟政策上，李悝主要實行「盡地力」和「平糴法」。李悝是重農主義的開山祖，他為魏文侯制定的這兩項經濟政策，使魏國逐漸富強起來。

　　在中國古代，農業是社會經濟的主要生產部門，農夫是農業生產的主體。雖然在農業的基礎性地位、農夫的絕對數量比重在古代社會經濟中無可撼動，但即便在一個和平安定的大環境中，農業生產的整體成效卻在很大程度上取決於當時的技術水平、土地賦稅制度及其重農政策措施的配套程度三個關鍵的因素。

　　正是基於這種認知，李悝才提出了「盡地力」和「平糴法」的主張。

　　所謂「盡地力」，就是統一分配農民耕地，督促農民勤於耕作，增加生產；所謂「平糴法」，就是國家在豐收時平價收購糧食儲存，發生饑荒時又平價賣給農民，取有餘以補不足，以防穀物甚貴而擾民，或甚賤而傷農。

　　「盡地力」是一種重農政策。李悝為魏文侯作《盡地力之教》，他計算說：一百平方公里之內，有土地九萬頃，除了山澤人居佔三分之一之外，可開田地六萬頃。這就是說，百里之地，每年的產量，由於勤與不勤，或增產一百八十萬石，或減產一百八十萬石。

　　因此，李悝作出三項鼓勵生產的規定：

　　一是「必雜五種，以備災害」。就是說，同時播種小米、黍子、麥、大豆和結實的麻，以防某種作物發生災害。這是

主張同時雜種各種糧食作物，怕種單一的糧食作物遇到災害就難以補救。

二是「力耕數耘，收穫如寇盜之至」。就是說，要促使農民努力耕作、勤於除草，收穫時要加緊搶收。如同防止強盜來搶劫那樣，以防備風雨對莊稼的損害。

三是「還廬樹桑，菜茹有畦，瓜瓞果蓏，殖於疆場」。這是說，住宅周圍要栽樹種桑，菜園裡要多種蔬菜，田地之間的梗子上也要利用空隙多種瓜果，充分利用空闊的土地，擴大農副業的生產。

魏國人口密度較高，地少人多。李悝在《盡地力之教》中作出這樣的規定，是適合當地農業生產發展的需要的，是根據當時農民生產的經驗而制定的。目的在於提高農作物的產量，擴大田租收入，進而使得國家富強起來。

「平糴法」體現了李悝經濟思想的另一面。

李悝認為，田地的收成和為此付出的勞動成正比，又認為糧貴則對士民工商不利，穀賤則傷農，善治國者必須兼顧士民工商和農民雙方的利益。他指出五口之家的小農，每年除衣食、租稅和祭祀等開支外，還虧空四百五十錢，這就是農民生活貧困和不安心於田畝的原因。

李悝推行的重農抑商的「平糴法」，由國家控制糧食的購銷和價格：政府在豐年以平價收購農民餘糧，防止商人壓價傷農；在災年則平價出售儲備糧，防止商人抬價傷民，防止「穀賤傷農，穀貴傷民」。

「平糴法」的做法是：把好年成分為上中下三等，壞年成也分為上中下三等。豐收年按年成的豐收情況，國家收購多餘的糧食。歉收年則按歉收的程度，國家拿出收購的糧食平價賣出。

上等歉收年賣上等豐收年收購的糧食，中等歉收年賣出中等豐收年收購的糧食，下等歉收年賣下等豐收年收購的糧食。這樣可使饑歲的糧價不致猛漲，農民也不會因此而逃亡或流散。

「盡地力」和「平糴法」的實行，極大地促進了魏國農業生產的發展，使魏國因此而富強。此外，李悝的重農主義在商鞅手中達到了極致，他承繼了李悝的辦法而加以擴大，對秦國的崛起產生了重要影響。

李悝為了進一步實行變法，鞏固變法成果，彙集各國刑典，著成《法經》一書，透過魏文侯予以公布，使之成為法律，以法律的形式肯定和保護變法，固定封建法權。

《法經》包括《盜法》、《賊法》、《囚法》、《捕法》、《雜律》和《具律》。

《盜法》是指侵犯財產的犯罪活動，大盜則成為守卒，重者要處死。拾遺者要受刑，表明即使只要有侵佔他人財物的動機，也仍構成犯罪行為。

《賊法》是對有關殺人、傷人罪的處洽條文，其中規定，殺一人者死，並籍沒其家和妻家：殺兩人者，還要籍沒其母家。

《囚法》和《捕法》兩篇是有關劾捕盜賊的律文。《囚》是關於審判、斷獄的法律，《捕》是關於追捕罪犯的法律。

《雜律》內容包羅尤廣，包括以下幾類：

一是淫禁。禁止夫有兩妻或妻有外夫；

二是狡禁。有關盜竊符璽及議論國家法令的罪行；

三是城禁。禁止人民越城的規定；

四是嬉禁。關於賭博的禁令；

五是徒禁。禁止人民群聚的禁令；

六是金禁。有關官吏貪汙受賄的禁令。

又如規定丞相受賄，其左右要伏誅，犀首以下受賄的要處死。

《具律》是《法經》的總則和序列。

《法經》的編訂，是李悝在法律制度方面作出的重大貢獻。《法經》出現後，魏國一直沿用，以後商鞅從魏入秦，幫助秦孝公實行變法，就是帶著這部《法經》去的。後來秦國的《秦律》和漢朝的《漢律》，都是在這部《法經》的基礎上逐步擴大補充而成的。故《法經》在中國古代法律史上有非常重要的地位。

李悝變法是中國古代規模最大、歷時最長、成效最顯著的一場變法運動，有效地打擊了舊制度，使魏國經濟得以迅速發展，國力日益強大，成為戰國初期的一個強盛的國家。

　　李悝變法開啟了戰國大變法運動的序幕，在中國歷史上產生了深遠的影響。在當時便對其他各國震懾很大，從而引發了中國歷史上第一次轟轟烈烈的全國性變法，為奴隸制向封建制的過渡，鋪平了道路。後來著名的吳起變法、商鞅變法等，無不受到李悝變法的影響。

閱讀連結

　　魏文侯任用魏成子做宰相，翟璜很不服氣，就對李悝抱怨，並說自己比魏成子強。

　　李悝說：「難道是為了結黨營私才謀求做大官嗎？魏成子有千鐘俸祿，但他不自私，把十分之九用在了外邊，因此從東方聘來了卜子夏、田子方、段干木。這三個人，君主把他們奉為老師。而您所推薦的人，君主都任他們為臣，您怎麼能跟魏成子相比呢？」

　　翟璜遲疑徘徊後拜兩拜說：「我翟璜是淺薄的人，說話很不得當，我願終身做您的弟子。」

楚國吳起變法

■吳起畫像

吳起是戰國初期著名的政治改革家，卓越的軍事改革家。在戰國初期，楚國是內憂外困，中原政治家吳起從魏國到了楚國，楚悼王任命吳起為令尹。吳起上任後，就開始推行有關變法事宜。

吳起變法雷厲風行，是立竿見影，取得了顯著的成效，使楚國國力迅速強盛起來，並積極與三晉「爭利於天下」。

與此同時，楚國進一步開拓了南疆，使楚國的勢力範圍擴大到洞庭湖以南、五嶺一帶，令中原諸國都刮目相看。

吳起年輕時曾去魯國求學，求官，一直得不到重用，後來聽說魏文侯思賢若渴，就投奔到魏國。

魏文侯聽說吳起善於用兵，就起用吳起為大將。吳起不負君望，率兵攻打秦國，一氣連拔五座城池，奪取了河西之

地。西元前四百〇六年，魏文侯任命吳起為西河守將，擔負著防禦秦國，保衛魏國西部邊陲的重任。

歲月如河水奔瀉，滾滾而去，吳起在西河駐守了二十多年。在任期間，他總結了自己多年的軍事實戰經驗，寫成了《吳起兵法》，這部書在中國軍事史上，和《孫子兵法》有同等重要地位。

吳起的軍事思想具有樸素的唯物主義和辯證法的因素。他首倡父子兵，提出軍隊要患難與共，上下一心，這樣才能一可擊十，少可勝多。他的軍隊紀律嚴明，賞罰分明，是一支能征善戰，所向無敵的軍隊。

吳起與士兵同甘共苦，深受將士們愛戴和敬重。他愛兵如子的故事至今還為世人頌揚。

魏文侯在位五十餘年，他禮賢下士，任人唯賢，勵精圖治，改革圖強。在他的治理下，魏國逐漸成為一個強盛、富裕的大國，成為了「七雄」中數一數二的強國。

魏文侯死後，他的兒子魏武侯即位。魏武侯是個胸無大志，滿足現狀的平庸君主。

一天，他來到西河巡視，文武官員們隨船相陪。

龍船在湍急的河水中行駛，避過一個又一個急浪，沖過一塊又一塊險灘，轉過一個峽谷，來到了西河最險阻的地方。只見滾滾的河水一瀉而下，兩岸峭壁直插雲天，抬頭仰視，青天只露出一條窄長的細縫。

魏武侯興奮地擊掌而起，大聲讚歎道：「真雄偉啊！有這樣的高山大河作屏障，魏國還怕什麼呢？這真是我國的一大寶啊！」

　　隨船相陪的吳起聽了這話，很不以為然，他列舉了三苗、夏桀、商紂王被滅亡的教訓，認為君主如果不推行德政，僅憑山河之險而為所欲為，恐怕身邊的人都會變成敵人。魏武侯聽後頻頻點頭。

　　坐在船舷一邊的相國公叔痤，陰沉著臉，用怨毒的眼光瞟了吳起一眼。公叔痤是魏國的貴族，又是魏武侯的女婿，憑著這種親貴資格，他剛當上相國。公叔痤嫉妒吳起的卓著戰功，顯赫聲名，認為吳起的存在是對自己的嚴重威脅，便處心積慮想除掉吳起。

　　公叔痤三番五次地在魏武侯面前詆毀吳起，說他沒有留之心，會去效奉強秦。久而久之，魏武侯果真不再信任吳起，吳起也覺察到了魏武侯的猜疑，心中很不安。這兩人互相提防，越來越疏遠。

　　不久，魏武侯免去了吳起的西河守將的職務。吳起唯恐哪天會降下殺身之禍，被迫悄悄逃到楚國去。

　　戰國初期的楚國，雖說地廣人稀，特產豐富，但由於大權掌握在奴隸主貴族手裡，政治腐敗，經濟貧困落後，國家一天天衰弱。中原各國都瞧不起楚國，稱他為「荊蠻子」。

　　楚悼王即位前後，楚國先後兩次受韓、趙、魏的進攻，都吃了敗仗，喪失了很多土地，最後不得不用重禮請出秦王，請他出面調停。在內外交困的情況下，楚悼王很想變法圖新，

變法圖強：歷代變法與圖強革新
上古時期 革故鼎新

吳起這時前來投靠，楚悼王很高興，他親自率領滿朝文武百官，恭恭敬敬地出國都郢城迎接吳起。

楚悼王在宮中大擺宴席替吳起洗塵。酒席間，楚悼王迫不及待問吳起：「我們楚國建國已有三四百年歷史了，論土地，有肥沃的江漢平原；論人口，有數百萬之多，可為什麼一直國貧兵弱呢？」

吳起沉吟了一下，一針見血地指出：「分封太多，王公貴族的勢力太大。他們為了自己利益，上逼大王，下虐平民，削弱了中央集權，壓制了平民的生產積極性，軍事上賞罰不明，選將不擇能而用，這就是國不富民不強的主要原因。」

聽了吳起中肯的分析，楚悼王感觸頗深，他想起楚國在一百六十多年前楚康王時，曾實行新政，楚國貧窮落後的面貌頓時有了改善，但因為王公貴族的拚命反對和破壞，使改革措施沒能實行多久。

想到這裡，楚悼王著急地說：「寡人想仿效楚康王的辦法，使楚國儘快富強起來，請你告訴我該怎麼做？」

「推行新法，走改革的道路！」吳起堅定地回答。「現在楚國荒閒的土地很多，坐享其成，不勞而獲的人太多，要解決楚國的弊病，最要緊的是明審法令，獎勵耕戰。」吳起繼續說道。

楚悼王聽了連聲叫好，很快任命吳起為楚國的令尹，主持變法。西元前三百八十二年，在楚悼王的全力支持下，吳起頒布了新法，通告貼遍了楚國大小邑鎮。

吳起變法的段詳細內容變法的內容散見於典籍中，歸納如下：

　　一是均爵平祿。楚國爵祿是世襲的，即先輩如有功受爵祿，後代子孫雖無功，也可承襲享有爵祿；而後來一些在戰爭中立大功者卻無爵祿，極大地傷害了將士的積極性。

　　吳起免除貴族三代以上無功人員的官職，收回封地，取消俸祿，把住在國都周圍的舊有顯貴遷到地廣人稀的地區。

　　二是拓土殖民。春秋至戰國時期，楚國用武力滅掉許多國家，得到了廣大領土，但都未開發。吳起責令楚國一些與王室關係疏遠的貴族到僻遠的地方去開發。這是一種新的拓土殖民形式。

　　三是裁撤冗員，整理財政。吳起廢除楚國無用和無能的官職，剝奪王室貴族的威權，使他們不能徇私情，因私廢公。吳起還主張節省費用，獎勵耕戰，加強國防，削減無用的開支，以獎勵真正為國貢獻的將士。同時建設國都，把城牆加高，增強首都的防衛能力。

　　吳起在變法中身體力行，親自抓軍隊的訓練和整頓。每天清晨，在國都郢城外的練兵場上，鼓聲、號聲，喊殺聲融成一片。吳起指揮軍隊列陣布兵，攻奪戰守，嚴格訓練，很快將軍隊訓練成為一支能征善戰的勁旅。

　　楚國變法後，擴大了耕地面積，生產發展了，一年就獲得了好收成。國家強盛了起來，重新恢復了對中原地區的攻勢。

　　吳起的軍事才能這時又充分地展示出來，他率兵在一年多的時間裡南收百越，北並陳蔡，反擊了魏、趙、韓的進攻，一直打到了黃河岸邊，使楚國在軍事上成為僅次於魏、秦的強國。

　　魏國與楚國交戰吃虧，魏武侯這時才明白，自己沒有重用吳起等於把手中的劍柄送給敵人，他後悔極了，但為時已晚。

　　吳起是一個無畏的改革家。他為楚悼王立法，削減威臣特權，罷無能，廢無用，損不急之官，可謂大刀闊斧，雷厲風行。但他的變法卻引起了楚國舊貴族的極大恐慌和仇恨，他們預感到末日的來臨，拚命要作最後的掙扎。

　　當時楚國有個叫屈宜臼的大貴族當面辱罵吳起是「禍人」，他說：「我聽說過這樣的話，善於治理國家的人，總是依照祖宗傳下來的老規矩辦事，如今你違背祖宗成法，廢除世襲制度，取消親貴們的各種特權，這是大逆不道的，如果不趕快改弦更張，禍到臨頭，悔之晚矣！」

　　吳起毫不客氣地反駁道：「真是一派胡言，日月運行，朝代更替，任何事物都在不斷變化，仍用古代的陳規陋習貽誤國家，這才是大逆不道。我奉大王之命，變法改革圖強，為的是富國強兵。上合天意，下得民心，你想停止變法，那是痴心妄想，不信，你站出來試試，還是考慮自己的下場吧！」

　　吳起義正言辭的一通話，駁斥得屈宜臼狼狽不堪，只好灰溜溜地走了。舊貴族們不甘心他們的失敗，就在暗中造謠

破壞。吳起把這些情況報告了楚悼王。楚悼王十分惱怒，指令吳起在新法中加上一條，不許對新法妄加評論，凡妖言惑眾反對變法者一律從嚴處治。

在楚悼王的支持下，吳起對變法內容又進行了充實，使之更加完善。同時，那些反對新法的舊貴族們，再不敢公開出來進行對抗了。

西元前三百八十一年，正當吳起大力推行新法，楚國逐步走向強盛的時候，全力支持變法的楚悼王突然去世了。對楚悼王突然去世毫無思想準備的吳起手足無措，但他不忘令尹的職責，強忍悲痛，料理國喪。

舊貴族們乘此機會死灰復燃，他們祕密串聯、謀劃，迅速組織起一支叛軍包圍了王宮。守護王宮的衛隊人很少，很快就守不住了。大門很快被攻破了，舊貴族們一擁而上，朝著吳起亂箭齊射。

身中數箭的吳起眼看就不行了，他不甘心自己這樣無代價地死去，心生一計，踉踉蹌蹌地跑到停放著楚王屍體的大殿裡，一下伏在楚悼王的屍體上。

按照楚國法律規定：有誰傷了王屍，要滅殺三族。喪心病狂的舊貴族們全然不顧了，他們號叫著，朝著吳起射出一陣箭雨。一代英才，戰國時期著名的政治家、軍事家吳起被活活射死在楚悼王的屍體上。

後來，楚悼王之子楚肅王繼位後，按律法把射殺吳起同時射中楚悼王屍體的人全部處死了。

　　吳起變法雖然失敗，但這些變法措施，一方面減輕了人民的負擔，發展了生產；另一方面打擊了舊貴族的勢力，加強了國家統治的力量。

　　更重要的是，吳起變法在楚國貴族政治中激起了巨大的波瀾，他所採取的各項措施在楚國的政治生活留下了深刻的影響，促進了楚國貴族政治向官僚政治的轉化。

閱讀連結

　　據《史記》記載：吳起身為大將，與士卒同食。有個士卒身上長了膿瘡，吳起為之吸吮。士卒的母親聞知後掩面而泣。

　　有人問她為何哭泣，士卒的母親說：「以前吳起也曾為孩子的父親吸瘡膿，孩子的父親深受感動，在戰場上拚命廝殺，結果不久就戰死了。如今大將軍又為兒子吸膿，看來這孩子也要在戰場上拚命了。」

　　一位將帥去吮吸一個士兵的瘡口，讓人看了似乎有些不理解，然而受此恩惠的士兵卻會因此效命疆場。這就是人心為本的道理。

韓國申不害變法

■申不害畫像

申不害是中國戰國中期法家著名的代表人物，以「術」
著稱。他在韓國變法十多年，內修政教，外應諸侯，幫助韓
昭侯推行「法」治、「術」治，使韓國君主專制得到加強，
國內政局得到穩定，貴族特權受到限制，百姓生活漸趨富裕，
兵力強盛，沒有人敢侵略韓國，確實是收到了富國強兵的特
別效果。

韓國雖然處於強國的包圍之中，卻能相安無事，成為與
齊、楚、燕、趙、魏、秦並列的戰國七雄之一。

在韓國歷史上，申不害是一個值得重視的政治改革家。

申不害原是鄭國京邑人，曾為鄭國小吏。西元前
三百七十五年，鄭國被韓國滅亡，申不害成為了韓國人，並
做了韓國的低級官員。

變法圖強：歷代變法與圖強革新

上古時期 革故鼎新

　　西元前三百五十四年，素與韓有嫌隙的魏國出兵伐韓。面對重兵壓境的嚴重局面，韓昭侯及眾大臣束手無策。危急關頭，申不害審時度勢，建議韓昭侯執圭去見魏惠王。

　　申不害對韓昭侯說：「我們現在要解國家危難，最好的辦法是示弱。今魏國強大，魯國、宋國、衛國皆去朝見，您執圭去朝見魏王，魏王一定會心滿意足，自大驕狂。這樣必會引起其他諸侯的不滿而同情韓國。」

　　韓昭侯採納了申不害建議，親自執圭去朝見魏惠王，表示敬畏之意。魏惠王果然十分高興，立即下令撤兵，並與韓國約為友邦。

　　申不害由此令韓昭侯刮目相看，逐步成為韓昭侯的重要謀臣，得以在處理國家事務上施展自己的智慧和才幹。

　　西元前三百五十三年，魏國又起兵伐趙，包圍了趙國都城邯鄲。趙成侯派人向齊國和韓國求援。韓昭侯一時拿不定主意，就詢問申不害，應如何應對。

　　申不害擔心自己的意見萬一不合國君心意，不僅於事無補還可能惹火燒身，便回答說：「這是國家大事，讓我考慮成熟再答覆您吧！」

　　隨後，申不害不露聲色地遊說韓國能言善辯的名臣趙卓和韓晁，鼓動他們分別向韓昭侯進言，陳述是否出兵救趙的意見，自己則暗中觀察韓昭侯的態度。

　　申不害終於摸透了韓昭侯的心思，於是進諫說應當聯合齊國，伐魏救趙。韓昭侯果然大悅，即聽從申不害意見，與

齊國一起發兵討魏，最後迫使魏軍回師自救，從而解了趙國之圍。這就是歷史上著名的「圍魏救趙」的故事。

韓昭侯從申不害處理外交事務的卓越表現及其獨到的見解，發現這位鄭國遺民原來是難得的治國人才，便心想委以重任。

韓國自從滅亡鄭國後雖然版圖擴大了不少，但與其他大國相比，無論從國土面積，還是從國力上講，都不能算是強國。此時，各國的變法運動風起雲湧，不變法就有落後和被別人吃掉的危險。

在當時已經進行的變法中，魏國的李悝變法是比較成功的一個榜樣。李悝是法家人物，韓昭侯也想用一個法家人物主持變法。於是，韓昭侯選中了申不害。因為申不害不僅具有臨危處事的能力，他還是法家重要的代表人物。

申不害少年時就崇尚黃老學派，認同老子「人法地、地法天、天法道、道法自然」，以及一切事物都有正反兩個方面，並且可以互相轉化等觀點。申不害是法家中主張「術治」的一派的代表人物，他主張國君要以術駕馭群臣，操生殺之權，監考群臣之能。

申不害的「國君要以術駕馭群臣」，是講國君如何控制大臣、百官，是君主駕馭臣下的手腕、手法，也就是權術。其核心包括兩個方面：一是任免、監督、考核臣下之術，史稱「陽術」；二是駕馭臣下、防範百官之術，人稱「陰術」為了能夠有效駕馭群臣，申不害強調國君要「操生殺之權」，要求君主在國家政權中的獨裁地位，要求臣下絕對服從君主，

上古時期 革故鼎新

即「尊君卑臣」。君主要獨斷，要把生殺大權牢牢掌握在自己手中，絕不能大權旁落。具體工作可以交給臣下，國君不必事必躬親。

此外，國君還要「監考群臣之能」，即對群臣進行監督、考查、防範。國君任命了臣下，理所當然地要求臣下忠於職守、嚴格遵守法令，並要防止臣下篡權奪位。

因此臣下是否真正勝任所擔負的任務？工作業績如何？其屬下臣民有何反映？有沒有違法亂紀、以權謀私的現象？有沒有人要搞陰謀詭計？所有這些，國君都必須進行考查。這是保證行政工作效率和國治民安的重要手段。

以上主要是「陽術」。但只有「陽術」還不夠，還必須有「陰術」。因為做國君是天下之大利，人人都想取而代之。君主要集權，某些權臣、重臣也會想攬權、篡權。

因此，在新興地主階級奪取政權之後，防止某些權臣專權、攬權，甚至進行篡權活動就成為當時的一個重要社會問題。這就要求國君善於控制臣下，及時發現臣下的毛病和陰謀。為此，君主就需要設一些耳目，及時瞭解、掌握臣下的情況。

正因為申不害有一套在當時來看很成熟的法制理論，所以，韓昭侯於西元前三百五十五年任用申不害為相國，在韓國實行變法。於是，申不害在韓國實行以「術」為主的法制改革。

申不害變法改革的第一步就是整頓吏治，加強君主集權統治。在韓昭侯的支持下，首先向憑藉封地自重的俠氏、公

螫和段氏三大強族開刀，果斷收回其特權，摧毀其城堡，清理其府庫財富充盈國庫。這不但穩固了韓國的政治局面，而且使韓國實力大增。

與此同時，大行「術」治，整頓官吏隊伍，對官吏加強考核和監督。這有效提高了國家政權的行政效率，使韓國顯現出一派生機勃勃的局面。

申不害在大行「術」治的過程中，一直反對立法行私。他認為，君主只有用法才能使群臣的行為統一起來，只有用法的標準來衡量群臣的行為，才能使行政工作正常運轉。

有一天，韓昭侯對申不害感嘆地說：「國家有了法制，要執行起來，可真不容易！」

申不害聯繫韓國當時所出現的情況，分析道：「這為什麼會難呢？要想不難，就要讓執法的人賞罰分明，不講私情，只有真正有功的人才能受賞封宮。然而君王您卻不這樣，經常私下里接受那些親戚寵臣的要求，徇私情，不按法律行事，這樣執行起來當然就難了。」

韓昭侯聽了，連連點頭，承認了自己的過錯，說：「你說得對！從今以後，我懂得了怎樣去執行法律了。」

申不害又向韓昭侯建議整肅軍兵，並主動請命，自任韓國上將軍，將貴族私家親兵收編為國家軍隊，與原有國兵混編，進行嚴格的軍事訓練，使韓國的戰鬥力大為提高。

特別值得一提的是，申不害為富國強兵，還十分重視土地問題，極力主張百姓多開荒地，多種糧食。同時，他還重

視和鼓勵發展手工業，特別是兵器製造。所以戰國時代，韓國冶鑄業比較發達。

申不害在韓國擔任相國十多年，內修政教，外應諸侯，幫助韓昭侯推行「法」治、「術」治，使韓國君主專制得到加強，國內政局得到穩定，貴族特權受到限制，百姓生活漸趨富裕。韓國雖然處於強國的包圍之中，卻能相安無事，成為與齊、楚、燕、趙、魏、秦並列的「戰國七雄」之一。

申不害以「術」治國，對韓國政權的鞏固造成了良好的作用，在中國歷史上有著深遠的影響，後世帝王在其統治政策中，也或多或少地用申不害的「術」去治御臣下，從而加強帝王的權力。

不過申不害以「術」治國的思想不夠純正，以至於為一些人搞陰謀詭計開了先河，使相當一部分大臣變得老奸巨猾起來。不純正的思想必然不能長久，韓昭侯之後，韓國迅速衰落。

申不害研究術，有正面的領導控制方法，也有陰謀詭計，我們現在不能說他是否道德，但可以說，他的思想和研究是可以啟迪後人的。

司馬遷在《史記》中對申不害的變法成績作出了肯定，說申不害在韓國變法的十多年裡，國家太平、富強，兵力也非常強大，使得別的國家對韓國不敢有吞併之心。因此，申不害是歷史上一個不容忽略的改革家，尤其是他提出的官員考核制度，給後代的君主選拔官員提供了很好的借鑑。

閱讀連結

　　申不害曾經私下請求韓昭侯給自己的堂兄封一個官職，韓昭侯不同意，申不害面露怨色。

　　韓昭侯說：「你常教寡人要按功勞大小授以官職等級，如今又請求為沒有建立功業的兄弟封官，我是答應你的請求而拋棄你的學說呢，還是推行你的主張而拒絕你的請求呢？」

　　申不害慌忙請罪，對韓昭侯說：「君王真是賢明君主，請您懲罰我吧！」

　　其實，這是申不害對韓昭侯的一次試探，他看到韓昭侯真是一位賢明君主，從而堅定了助其變法革新的決心。

▌趙武靈王改革

■趙武靈王雕像

變法圖強：歷代變法與圖強革新

趙武靈王是中國戰國中後期趙國的一位奮發有為的君主。

他從趙國的實際出發，透過以「胡服騎射」為代表的一系列改革措施，使趙國在人力、物力上得以優化配置；同時，推進了中原華夏民族與北方遊牧民族相互融合的歷史進程。

趙武靈王「胡服騎射」是中國古代軍事史上的一次大變革，被歷代史學家傳為佳話。特別是趙武靈王以敢為天下先的進取精神，力排眾議，衝破守舊勢力的阻撓，堅決向夷狄學習，表現了作為古代社會改革家的魄力和膽識。趙武靈王不愧是一位值得後人紀念和傚法的傑出歷史人物。

趙武靈王即位的時候，趙國正處在國勢衰落時期，就連中山那樣的鄰界小國也經常來侵擾。而在和一些大國的戰爭中，趙國常吃敗仗，城邑被佔。

趙國眼看著被別國兼併，為了富國強兵，趙武靈王提出「著胡服」、「習騎射」的主張，決心取北方胡人之長補中原之短。

「胡服騎射」的直接起因是趙國和中山國的宿怨。當時趙國，東有齊王國和中山王國，北有燕王國和東胡部落，西有樓煩部落和秦王國及韓王國邊界。

趙國的邊防部隊，仍使用傳統武器，缺乏現代化裝備，一旦敵人發動突然攻擊，很難防禦。中山王國就曾經仗恃齊王國撐腰，侵略趙國的土地，奴役趙國的人民。

趙武靈王之所以改變服裝，更新戰備，就是為了準備應變，報中山王國之仇。

其實，趙武靈王實行「胡服騎射」除了為適應同周邊國家的軍事競爭外，還有更深層的原因。趙國是一個遊牧文明重於農耕文明的國家。

趙國是華夏系統中與北方戎狄各族交流最全面、最深刻的國家，權貴家族與戎狄的通婚程度很高。趙國的文化如同他們國君的血統裡有大量的戎狄之血一樣，是中原農耕文明與北方遊牧民族的混合體。

趙武靈王即位後，重用出身於樓煩的樓緩和出身於匈奴的仇液，再加上父親的託孤重臣肥義，趙國的戎狄外族之臣，就成了趙武靈王最重要的一批助手。

趙國曾經採用了異地就任制，即讓戎狄大臣到中原的邯鄲任職，讓華夏族大臣到北方的代郡任職，以期達到加強兩種文化的交流的目的，但這種辦法功效不大，代郡與邯鄲在過去的一百多年裡成為了趙國政變的兩個牢固據點。

而且，代郡的勢力不斷滲入到遊牧文明的另一個重鎮太原郡，邯鄲則控制了地近中原的上黨郡，趙國的南北分裂局勢在擴大。

邯鄲與代郡實際上是趙國執行南北不同攻略的兩個國都。趙國的兩種文化、兩大政治勢力處於不斷的爭鬥狀態，而且越離越遠，這需要趙武靈王鐵腕整合，明確各自的地位，將其整合為一個依賴重於排斥的整體。

此外，趙國與林胡、樓煩、東胡、義渠、空同、中山等遊牧民族國家接壤，國民中有大量的胡人和胡人後裔，胡人文化在趙國也是根深蒂固的。

正是由於趙國的遊牧文明佔上風，所以，趙武靈王適應客觀情況，大力提倡胡化是符合實際的。「胡服騎射」最重要的目的是為瞭解決以代郡和邯鄲為代表的兩種文化、兩種政治勢力造成的南北分裂局面。

為了提高國民對在全國實行「胡服騎射」政策的信心，趙武靈王用他有限的騎兵在對中山的戰爭中取得了一系列的勝利，在聲勢上為「胡服騎射」的好處做了現實、有力的宣傳。

趙武靈王率領騎兵向北進攻中山國，並大敗中山國主力部隊，從南至北橫穿中山國，到達趙國的代郡，如入無人之境，大大地鼓舞了趙國國民的信心。

趙武靈王又到達趙國與樓煩邊境，繼而穿過樓煩和林胡的勢力範圍，向西折向黃河。趙武靈王渡過黃河，登上了黃河西側、林胡人長期活動的地帶。

在此行中，趙武靈王與遊牧民族的騎兵發生多次戰鬥，無一敗績。

在先聲奪人後，趙武靈王開始找兩邊的代表人物徵求意見。一方是有戎狄背景的肥義、樓緩和仇液等人當然同意，而且從趙國的國情、地形和人文等現實情況出發，有力地論述了施行「胡服騎射」對國家結束分裂、增強國家的競爭力和促成國家深刻統一的好處。

另一方是以趙武靈王的叔叔公子成為代表的趙國宗室貴族，他們不願丟掉手中的權力，認為「胡服騎射」必將引起

全國範圍內的各項國家政策隨之改變，他們以變動太大容易造成國內局勢的不穩定為由，阻止趙武靈王的「胡服騎射」。

為了說服那些保守勢力的代表，趙武靈王循循善誘、曉之以理，並耐心地說服宗室貴族集團的首領公子成，向他表明自己改革的決心和對以「胡服騎射」為標誌的全面改革的整體構想。公子成最終被說服了。

由於公子成對「胡服騎射」的接受，趙國的宗室貴族如趙文、趙造、趙俊等人也就都跟著同意了。於是，趙武靈王正式頒布法令，趙國全境實行「胡服騎射」。

趙武靈王以能任官，明確了遊牧文化的主導地位，結果大批出身低賤和有戎狄背景的人得到重用。趙武靈王主動打破華夏貴、戎狄卑傳統觀念的勇氣，在中原各國中是十分罕見的。

趙武靈王把自己訓練的精銳騎兵作為軍官教導團，開始培訓騎兵軍官。原來的步兵和步兵將領要想轉為騎兵，必須要經過嚴格的培訓和考試。

同時，趙武靈王還招募大量的胡人，充實到騎兵隊伍中。由於趙武靈王控制了騎兵的軍官，這支新組建的騎兵軍不同於以往的騎兵僱傭軍，被趙武靈王牢牢地控制著指揮權。

趙武靈王借組建騎兵、選拔騎兵的機會，對趙國的步兵系統也進行了一次從上至下的大整頓，親自選拔步兵將領。趙武靈王選拔軍事將領嚴格遵循能力原則。

變法圖強：歷代變法與圖強革新

上古時期 革故鼎新

這樣，國民中許多有能力的人都得到了任用，而大批的趙國宗室貴族遭到了裁撤。趙武靈王透過對軍隊系統的調整、改建，更穩固地控制了趙國的軍權。

趙武靈王組建的騎兵是一個技術性比較強的兵種，對將領和戰士的選拔與訓練都很嚴格。「胡服騎射」改革後，趙國的軍事將領主要是從騎兵中產生，至少要有在騎兵部隊服役過的經歷。

由於騎兵的特高待遇和非常好的軍官前途，趙國的百姓都希望自己的家裡能夠出一個騎兵，最好是一個騎兵將領。於是，趙人養馬蔚然成風。

趙武靈王組建的騎兵其裝備比步兵要複雜得多。一個騎兵必須要有兩匹馬，用特製的騎兵弓，配備不同用途的箭，要有長刀和短刀，夜裡禦寒的皮蓬和可供長途奔襲的口糧和水。

騎兵的服務人員也很多，有負責養馬的，負責收集牧草的，給馬看病的，直接為騎兵服務的奴婢。騎兵的武器裝備不同於步兵，主要由胡人工匠負責生產。

騎兵的流動性也很強，兵籍管理和給養保障比步兵要複雜得多，必須要新建立一個政府服務部門專門為之服務。趙國國內的馬匹也都建立了馬籍，以便於國家對全國騎戰潛能的掌握和調用。

此外，由於騎兵用具中有大量的皮革製品，對牛羊的需求很大。所以，與遊牧生活相關的生產得到了很大的發展。

趙武靈王命人對全國的戶籍和牛、馬等大型牲口進行了普查，建立了可靠的管理體系。

騎兵本身就是一種胡人文化，趙武靈王在全國推廣「胡服騎射」後，本來在趙國就佔有主要地位的胡人文化由於正式得到了國家的肯定和扶持，胡人的生產方式和生活方式的地位得到了很大的提高。胡人歌舞、胡人醫藥、胡人服飾、胡人語言，都在趙國得到了更大範圍的普及。

趙武靈王大力推廣軍功貴族制度，並借助對全國人口普查與統計，將宗室貴族和地主隱瞞的人口都查了出來，擴大了國家掌握的稅源和勞動力資源。趙國原有的宗室貴族體系遭到沉重打擊。趙武靈王推廣的軍功制度成為趙國軍民求富貴的主要途徑。

經過趙武靈王重新裝備的趙國士兵，他們的形象與中原各國的士兵形象差別較大，而與樓煩、林胡這些胡人倒很相似。趙武靈王本人也能操胡語，慣住帳篷，喜歡水草生活。

趙武靈王「胡服騎射」對趙國造成了很大的影響，使之更趨近於遊牧經濟。對遊牧經濟、騎兵生活熟悉大量胡人精英透過選拔，進入到趙國的軍政領導層，改變了趙國的權力結構。胡人文化升揚，穩固了其在趙國主導地位。

趙武靈王的「胡服騎射」也對趙國的國民性格進行了重新的塑造，在趙武靈王的宣揚下，胡人吃苦耐勞、重義尚武的精神，對趙國國民的心理產生了巨大的影響。

同時，這一改革減弱了華夏民族鄙視胡人的心理，增強了胡人對華夏民族的歸依心理，縮短了兩者之間的心理距離，

奠定了中原華夏民族與北方遊牧民族融合的基礎，進而推進了民族融合。

在趙武靈王推行「胡服騎射」之後，胡服成為中國軍隊中最早的正規軍裝，以後逐漸演變改進為後來的盔甲裝備。使「習胡服，求便利」成了中國服飾變化的總體傾向。

閱讀連結

趙武靈王為了打敗秦國，決定親自到秦國去考察地形，再觀察一下秦昭襄王的為人。他打扮成趙國的一名使臣，帶著幾個手下人，到秦國咸陽去拜見秦昭襄王。

秦昭襄王覺得這個使臣既大方，又威嚴，不像個普通人，心裡有點犯疑。過了幾天，秦昭襄王又派人去請他，發現趙國使臣已不告而別。

秦昭襄王後來知道他接見的使臣就是有名的趙武靈王，不禁大吃一驚，立刻叫大將白起帶精兵連夜追趕。追兵到函谷關，趙武靈王已經出關三天了。

秦國商鞅變法

■商鞅浮雕

商鞅是戰國時代政治家、改革家和思想家、法家代表人物。

商鞅透過變法，使秦國經濟發展，出現了「家給人足」的繁榮景象，全國百姓以私下鬥毆為恥，以為國家立下戰功為榮，國家戰鬥力不斷增強，富國強兵的秦國，成為戰國後期最強大的國家。

商鞅變法是戰國時期最徹底的一次變法。它不僅推進了秦國社會的發展，而且推動宗法分封制向中央集權制轉型，為秦始皇建立大一統帝國奠定了基礎，對後世產生了深遠的影響。

上古時期 革故鼎新

變法成果被秦國繼承和發揚，更使得秦國封建法制得以迅速發展與完善。

戰國初年，隨著新興地主階級的經濟實力的增長，要求獲得相應的政治權利。因此紛紛要求在政治上進行改革，發展封建經濟，建立地主階級統治。

而此時的周王室其統治已經名存實亡，主宰天下的是齊、楚、燕、韓、趙、魏、秦七國。這七國不斷地進行兼併戰爭，都想統一天下。

如何加強實力呢？出路只有一條，就是改革。當時各國紛紛進行改革，秦國也是其中之一。

秦國地處西陲，因經濟、文化落後、百姓矇昧、國力衰微，常遭魏國等中原大國的歧視和欺負。這種形勢逼得秦國不得不進行改革。秦國商鞅變法正是在這種背景下發生的。

西元前三百六十一年，秦孝公即位。這時的秦國更加不為各國重視，連權力被架空的周天子都不願意搭理秦國。於是，秦孝公決心改變秦國的形象，並在即位當年頒布了求賢令：「不管是本國人，還是外國人，誰有好辦法使秦國富強起來，就封他做大官，賞給他土地。」

當時有個衛國沒落貴族商鞅，欲展才學，他見到秦孝公的「求賢令」後，就投秦一試。商鞅見到秦孝公，闡述了自己的治國理論，認為秦國要想強盛，唯有變法圖新。秦孝公聞言大悅，與商鞅秉燭達旦三日。秦孝公變法決心既定，封商鞅為左庶長，統令變法事宜。

商鞅變法的法令已經準備就緒，但沒有公布。他擔心百姓不相信自己，就在國都集市的南門外豎起一根三丈高的木頭，並告示說：「誰能把這根木頭扛到北門去，賞他十兩金子。」

此言一出，觀者譁然，因為扛這根木頭到北門去實在不是一件太難的事。大家議論紛紛，但就是沒人上前，都怕其中有詐。

看看圍觀者越來越多，商鞅又下令將賞金加至五十兩。話音剛落，一個紅臉漢子推開人群走到木頭跟前說：「我來試試，最多不過是白扛一趟。」說著，他一哈腰，一較勁，一下子將木頭扛到肩上，大步流星直向北門走去。

左庶長商鞅連聲誇讚這漢子是個好百姓，並當眾兌現了五十兩賞金。

這件事一下子就在全城轟動開了，大家都說左庶長言而有信，對他下的命令一定要認真執行才是。

西元前三百五十六年，商鞅正式公布了第一次變法令，包括了以下三項的內容：

一是編制戶籍，整頓社會治安。建立了什伍組織，就是五家為一「伍」，十家為一「什」，各家互相擔保，互相監視。一家犯了罪，九家都要檢舉，否則十家一起判罪。檢舉壞人和殺敵人一樣有賞，窩藏壞人和投降敵人一樣處罰。外出必須攜帶憑證，沒有證件各地不準留宿。

二是獎勵發展生產。老百姓努力生產，糧食布帛貢獻多的，可以免除一家勞役；懶惰和棄農經商的，連同妻子、兒

女一同充為官奴。一家有兩個兒子以上，成人以後就要分家，各自交稅，否則一人要交兩份稅。

三是獎勵軍功。一律按軍功大小授予官位和爵位；軍事上沒有功勞的，即使有錢也不能過豪華生活，就是貴族也只能享受平民的生活。

新法一公布，就遭到了舊貴族勢力的強烈反對，因為他們的許多特權都被剝奪了。大臣甘龍等人公開與商鞅論戰，其他反對派也到處攻擊新法。

商鞅面對貴族們的挑戰毫不退縮，他命人把反對派通通抓起來。這樣一來，再也沒人敢公開跳出來反對新法了。

經過幾年的變法圖新，秦國的實力大為提高。老百姓男耕女織，糧食布帛漸漸多了，社會秩序也好得多，出現了「夜不閉戶，路不拾遺」的昇平局面。秦國漸漸富強起來。

西元前三百五十年，在秦孝公的全力支持下，商鞅又公布了第二次變法令。商鞅的第二次變法，主要是兩條：一是「廢井田、開阡陌」和「封疆」；二是實行縣制。

商鞅在經濟上推行的重大舉措是「廢井田、開阡陌」。所謂「阡陌」，指「井田」中間灌溉的水渠及相應的縱橫道路，縱者稱「阡」，橫者稱「陌」。所謂「封疆」就是奴隸主貴族受封的界限。

「廢井田、開阡陌」和「封疆」就是把標誌土地國有的阡陌封疆去掉，廢除奴隸制土地國有制，實行土地私有制。從法律上廢除了井田制度。

法令規定，誰開墾的土地就歸誰所有，田地可以自由買賣。這樣就破壞了奴隸制的生產關係，促進了封建經濟的發展。

　　同時，建立地方行政機構，把貴族封邑之外的土地、人口統編為三十一個大縣，由中央直接任命官吏進行管理。為了便於向東發展，又將國都從原來的雍城遷到渭河北面的咸陽。

　　商鞅推行重農抑商的政策。規定，生產糧食和布帛多的，可免除本人勞役和賦稅，以農業為「本業」，以商業為「末業」。因棄本求末，或游手好閒而貧窮者，全家罰為官奴。

　　商鞅還招募無地農民到秦國開荒。為鼓勵小農經濟，還規定凡一戶有兩個兒子，到成人年齡必須分家，獨立謀生，否則要出雙倍賦稅。禁止父子兄弟同室居住，推行小家庭政策。這些政策有利於增殖人口、征發徭役和戶口稅，發展封建經濟。

　　實行縣制是商鞅在第二次變法中的又一重大舉措。規定以縣為地方行政單位，廢除分封制。縣設縣令以主縣政，設縣丞以輔佐縣令，設縣尉以掌管軍事。縣下轄若干都、鄉、邑、聚。

　　商鞅透過縣的設置，把領主對領邑內的政治特權收歸中央。該措施有力地配合了「廢井田、開阡陌」政策，用政治手段保證了土地私有，鞏固了中央集權的封建統治，削弱了豪門貴族在地方的權力。

後來秦國在統一全國的過程中，在新佔地區設郡。郡的範圍較大，又有邊防軍管性質，因之郡的長官稱郡守。隨著秦國實力的增強，郡內形勢穩定，便轉向了以民政管理為主，於是在郡下設若干縣，最終形成秦始皇統治時的郡縣制。

此外，商鞅還統一度量衡。此前秦國各地度量衡不統一，為了保證國家的賦稅收入，商鞅製造了標準的度量衡器，如今傳世的「商鞅量」上有銘文記載了秦孝公「十八年」、「大良造鞅」監造等。

由量器及其銘文可知，當時統一度量衡一事是十分嚴肅認真的。商鞅還統一了斗、桶、權、衡、丈、尺等度量衡。要求秦國人必須嚴格執行，不得違犯。

商鞅統一度量衡，使全國上下有了標準的度量準則，為人們從事經濟、文化的交流活動提供了便利的條件。統一了的度量衡對賦稅制和俸祿制的統一產生了積極作用，有利於消除地方割據勢力的影響，也為後來秦始皇統一度量衡奠定了基礎。

商鞅第二次變法令的頒布，更加削弱了舊貴族的勢力，引起了他們更強烈的仇視。舊貴族們懾於商鞅的強硬手法，不敢公開跳出來反對，就挑唆太子出面。

太子出面反對變法，使已經升任大良造、統管秦國軍政大權的商鞅十分為難。太子是國君的繼承人，自然不能治他的罪，但若不予理睬，很可能使變法遭到失敗。

於是，商鞅本奏秦孝公說：「朝廷的法令必須上下共同遵守，如在上的人不遵守，下面的百姓就會對朝廷失去信任，新法就不能貫徹始終。所以太子犯法，應與百姓同罪。」

商鞅接著說：「太子的過錯，完全是他的兩位老師長期以來惡意教唆的結果。太子年幼，他的言行，應該由老師負責。所以，我請求大王允許將太子的兩位老師治罪。」

秦孝公看到太子脫了關係，也就很痛快地答應了商鞅的請求，將太子的兩位老師公子虔和公孫賈，分別處以割鼻和刺字的刑法。這樣一來，其餘的大臣就更不敢批評新法了。

秦國地廣人稀，鄰近的三晉人多地少，商鞅就請秦孝公出了賞格，叫鄰國的農民到秦國來種地，給他們田地和住房。秦國人自己則主要用於服兵役，增強了秦軍的戰鬥力。

秦孝公任用商鞅變法，前後不過二十年的時間，秦國就從一個荒蠻之邦一躍而為「戰國七雄」中最富強的國家，周天子還特意派使臣去慰勞秦孝公，封他為「方伯」，承認了秦國的霸主地位。

商鞅是中國歷史上乃至世界歷史上最偉大最成功的改革家之一，他的變法為是戰國時期最徹底的一次變法。變法中確立的生產方式，推動了秦國社會的發展；變法中確立的行政體制，推動了宗法分封制向中央集權制轉型。商鞅變法為後來的秦始皇建立大一統帝國奠定了基礎，對後世產生了深遠的影響。

閱讀連結

　　長期以來，魏對秦的威脅最大。因為魏當時是戰國七雄中的頭號強國，而秦國力量較弱，黃河以西大片土地一直在魏國的控制之下。商鞅變法之後，秦國兵強馬壯，準備收復失地。

　　西元前三百四十年，齊、趙兩國向魏進攻，魏國形勢危急。商鞅認為這正是一個好機會，便親率大軍進攻魏國。秦軍先頭部隊一鼓作氣攻佔了魏國的都城安邑，逼得魏國遷都議和。

　　為了表彰商鞅的功績，秦孝公將商邑一帶的十五座城池封給了他，稱他為「商侯」，後來人們叫他商鞅。

中古時期 與民更始

　　秦漢至隋唐是中國歷史上的中古時期。這一時期跨越千年，華夏大地歷經數個朝代更迭，在動盪不安的時期，有志之士都在思考動盪的原因，如北魏孝文帝、北周武帝宇文邕和唐順宗李誦，他們尋找癥結之所在，去蕪存菁，推行新政，以求迅速崛起。

　　這些能幹實事的社會精英，曾經令舉國上下一體勵精圖治，實在難得。改革是在摸索中前進，我們不能以成敗論英雄。那種敢於挑戰舊俗的革新精神，任何時候都是需要的。

北魏孝文帝改革

■北魏孝文帝畫像

　　北魏孝文帝拓跋宏是一位傑出的政治家和改革家。

　　他在位期間，透過推行改革，有力地推動了政治、經濟的恢復和發展，北方出現了魏晉以來空前的繁榮景象，有效地緩解了社會矛盾。更重要的是孝文帝的改革，維護了統一北方的新政權，加速北方少數民族封建化的進程，促進了北方民族的大融合，為中國多民族共同發展做出了貢獻。

　　孝文帝改革是一次政治、經濟、文化的全面改革，意義重大、影響深遠。

　　北魏孝文帝拓跋宏三歲時被立為皇太子，五歲時受父禪即帝位。由於拓跋宏深受祖母馮皇太后漢化改革的影響，他在二十四歲親政後，繼續推行漢化改革。

　　孝文帝以前，北魏的官吏是一律不給俸祿的。中央官吏可以按等級，分享繳獲的戰利品，或是受到額外的賞賜；地

方官吏不同，他們只要上繳規定的租稅賦役以外，就可以在其管轄的範圍內，任意搜刮、不受限制。

針對這種情況，孝文帝下決心實行俸祿制，他規定：每戶徵調三匹絹，二點九斗稻穀作為百官的俸祿。同時制定了嚴懲貪官汙吏的法律，他規定：官吏貪贓一匹以上的絹就要處以死刑。

俸祿制實行以後，雖然增加了人民的賦稅，但與以前放縱官吏們貪汙掠奪相比，對人民還是有利的。正因為如此，俸祿制遭到一部分慣於貪贓枉法的官吏們的反對。孝文帝改革意圖堅決，對這些人進行了嚴厲制裁，先後處死了地方刺史以下的貪官汙吏四十多人，使北魏的吏治出現了嶄新的局面。

西元四百八十五年，孝文帝採納給事中李安世的建議，實行均田制。均田制的主要內容是：

男子十五歲以上，給露田四十畝。露田就是不栽樹只種穀物的土地。

婦女二十畝，一夫一妻六十畝。男子還給桑田二十畝。桑田就是已種或允許種桑榆棗等果木的土地。在不適合種果木的地方，男子給露田四十畝，婦女五畝。

露田是私有田，可傳給子孫，也可以買賣其中一部分。奴婢和良人也一樣給露田。一頭牛可給田三十畝。此外，新定居的戶主，還給少量的宅基田。

均田制不是平分土地。對於地主來說，是承認他的土地佔有權，又限制了他們兼併土地；對於農民來說，是既承認

他們已有的小塊土地，又鼓勵他們開荒；對於那些流浪者來說，則給他們自立門戶提供了條件。

孝文帝於四百八十六年建立三長制，以取代宗主督護制，加強中央政府對人口的控制。

三長制規定：五家為鄰，設一鄰長；五鄰為裡，設一里長；五里為黨，設一黨長。三長的職責是檢查戶口，徵收租調，征發兵役與徭役。實行三長制，三長直屬州郡，打破了豪強蔭庇戶口的合法性，原蔭附於豪強的蔭戶成為國家的編戶。

三長制較之宗主督護制，它畢竟是一種歷史的進步。三長制的建立，國家直接控制的自耕農民大量增加，國家賦稅收入相應增加，農民賦稅負擔也有所減輕。北魏後期社會經濟明顯的恢復和發展，與三長制的實施有密切關係。

北魏的三長制後來成為北齊和隋朝鄉里組織的基礎，影響深遠。

孝文帝為了加強中央集權，決心進一步改革。他認為現在改革的重點在於「漢化」。孝文帝很聰明，他在祖母馮太皇影響下，也讀了不少書，對漢族文化有較深的瞭解。他知道，要使北魏富強，必須拋棄民族偏見，接受漢族的先進文化。

在當時，北魏的都城在平城，即今山西省大同。由於地處邊塞，既不便於加強同黃河流域漢族的聯繫，又不便於進攻南朝，對控制中原和推行改革都是障礙。於是，孝文帝決定遷都洛陽。

遷都是件大事，關係到許多鮮卑貴族的切身利益。他們大多留戀舊都的田地財產和奢侈的生活，害怕遷都會改變他們的生活方式，所以，強烈反對遷都。孝文帝為了達到遷都的目的，定下了一條妙計。

西元四百九十三年，孝文帝親自率領步兵、騎兵三十萬渡過黃河，進駐洛陽。

孝文帝帶領大臣們參觀洛陽西晉宮殿的遺址。面對這滿目荒涼的景象，他對大臣們說：「西晉的皇帝沒有管理好國家，致使國家滅亡，宮殿荒蕪，看了真讓人傷感！」

此時，洛陽秋雨連綿。文武百官本來就不願南征，現在，他們面對連綿慘淡的秋雨和殘敗破落的宮殿，心情十分沉重。大臣們聽了皇帝的話，紛紛跪倒在馬前叩頭，請求皇帝不要再南征了。

孝文帝乘機說道：「這次南征，興師動眾，不可無功而返。不南征，就遷都。」並且下令：「願意遷都的站在左邊，不願遷都的站在右邊。」

文武百官聽了，權衡一下南征與遷都的利弊，覺得還是遷都為好。於是，所有隨軍貴族和官吏都站到左邊去了。一時間，停止南征的消息傳遍了全軍，大家都高呼「萬歲」。遷都洛陽之事，就這樣決定了。

遷都洛陽後，孝文帝就開始大力推行漢化政策。首先，他改鮮卑姓為漢姓，禁止鮮卑族同姓結婚，鼓勵鮮卑人與漢人通婚。

孝文帝把拓跋氏改成元氏；把丘奚氏改成奚氏；步陸孤氏改成陸氏；達奚氏改成奚氏等。他還帶頭娶漢族大姓女子為皇后、妃子，還給他的弟弟們娶漢族大姓女為妻室，還把公主們嫁給漢族大姓。範陽盧氏，一家就娶了三個公主。

孝文帝還下令，鮮卑族一律改穿漢人服裝，孝文帝親自在光極堂給群臣頒賜．了漢服的「冠服」，讓他們穿戴。

孝文帝還禁止說胡語，要求鮮卑族改說漢語。他規定：三十歲以上的人，由於說話的習慣已久，可以慢慢改；三十歲以下的人，要立即改說漢語。並嚴厲規定，在朝廷當官的人再說胡語，就要降爵罷官。

孝文帝在位期間，對北魏的政治、經濟、軍事和民族舊習，都進行了一系列的大膽的多方面的改革，使鮮卑經濟、文化、政治和軍事等方面大大發展了，使北方各族人民在相互交往中漸漸融合，逐漸接受了漢族的先進生產方式及與之相聯繫的文化。

孝文帝的改革，促進了北方各民族的融合，為中國多民族國家的發展作出了貢獻。

閱讀連結

孝文帝怕大臣們反對遷都的主張，就先提出要大規模進攻南齊。大臣們不同意，他的堂叔、尚書令拓跋澄激烈反對。

孝文帝發火說：「國家是我的國家，你想阻撓我用兵嗎？」

拓跋澄反駁說：「國家雖然是陛下的，但我是國家的大臣，明知用兵危險，哪能不講！」

　　退朝後，孝文帝單獨召見拓跋澄。他說：「剛才我向你發火，真正的意思是要遷都。我說出兵伐齊，是想藉這個機會，帶領文武官員遷都中原。」

　　拓跋澄恍然大悟，馬上同意魏孝文帝的主張。

　　北周武帝宇文邕是南北朝時期著名的改革家和軍事家。

■北周武帝畫像

　　周武帝即位時面臨著嚴峻的北周政局，極力擺脫鮮卑舊俗，大力滅佛，改善了徵稅，徵兵的環境，加強了封建統治階級上的力量，削弱了宗教在社會上的影響力，鞏固了封建統治，促進了社會生產力的發展。

他透過多方面的變革，使北周轉弱為強，並最終統一了北方，為隋朝的建立奠定了基礎。

北周武帝改革

宇文邕是奠定北周國基的鮮卑族人宇文泰的第四子。青少年時代的宇文邕，前途平坦，十二歲時就被封為輔城郡公。後來又被拜為大將軍，出鎮同州。

北周明帝即位，宇文邕入為大司空，進封魯國公，參議朝廷大事。宇文邕性格沉穩，不愛多說話，但如果有事問他，他總能說到點子上，所以北周明帝曾感慨道：「夫人不言，言必有中。」

西元五百六十年，北周權臣宇文護毒死北周明帝宇文毓，立當時為大司空、魯國公的宇文邕為帝，是為北周武帝。北周武帝即位時，北周政局十分不穩，關鍵原因就在於宇文護壟斷了北周實權。

西元五百七十二年，周武帝誅殺了宇文護，除去了心頭之患。這是周武帝一生中的大事，它使周武帝避免了走短命皇帝的老路，把北周從內亂傾軋中解救出來。清除了絆腳石，周武帝開始了一系列的改革措施。

周武帝改革的第一步就是改革府兵制。

西元五百七十三年，周武帝下令吸收均田上的漢族農民充當府兵。當兵的人可以免除租調和徭役，他們的家庭在三年內也可以不交納租調和服徭役。

這一規定，使原來為地方豪強大族所控制的農民，現在直接為朝廷所掌握。這是周武帝對府兵制所作的一項重大改革內容。

周武帝改革的第二步就是大力滅佛。當時北周的佛教，已經成為了社會的寄生蟲。寺院的和尚們不但不當兵，不納稅，而且面對災民時，表現出來的非但不是賑災，反而趁機吞併農民土地，使農民生活更加困苦，也嚴重威脅著北周政權。

滅佛這一策略暗暗在宇文邕心中生成。他認為，滅佛不僅能增加朝廷的財政收入，更是擴充軍隊之必須。

西元五百七十三年底，周武帝召集道士、僧侶和百官，討論佛、道、儒三教的問題。周武帝辨釋三教先後，以儒為先，道教為次，佛教為後。

把佛教抑為最末，事實上已是滅佛的前奏。當時有些佛教徒不知周武帝用意所在，還一個勁地爭辯不休，說佛教應該在道教之上，心裡很不服氣。

而另一些明眼人卻看透了周武帝的心事，但他們認為周武帝這樣做很難達到預期目的。

僧侶的譏諷、反抗都無濟於事，反而更增添了周武帝對滅佛的決心。

西元五百七十四年，周武帝下詔：禁斷佛、道二教，毀掉經像，驅散沙門、道士，令其還俗。並盡除佛、道二教相關禮典。一時間，北周境內焚經驅僧破塔者不計其數。威脅

北周政權的佛教勢力受到嚴重打擊。周武帝在滅佛的同時，尊奉儒教人士，弘揚中原文化。

西元五百七十七年，周武帝率軍攻入齊國鄴城時，齊地佛風最盛，周武帝決心將尊儒滅佛的政策在齊地推行。

齊國有一個叫熊安生的經學家，博通五經，是北齊名儒。他聽說尊儒滅佛的周武帝入鄴城，連忙叫家人打掃院落，準備迎接周武帝前來拜訪。不久，周武帝果然親自來拜見他了。周武帝給了這個儒生很高的禮遇。

在尊儒的同時，周武帝又召集北齊僧人，講敘廢佛的理由。僧人慧遠以警告周武帝，破滅三寶，將入阿鼻地獄。周武帝沒有懼怕所謂死後下地獄的警告，下令禁斷齊境佛教。

周武帝不顧世俗偏見，滅佛的時間較長，涉及面廣，成績很可觀，這一點是值得充分肯定的。因此當時有人稱讚說：「周武帝滅佛，是強國富民之上策。」

正因為北周成功的滅佛運動，才使北周能夠積蓄實力，國力增強，為滅掉北齊和統一北方奠定了基礎。

自從北周武帝親政後，情況發生了很大變化：

一是經過滅佛，國家經濟勢力增長；

二是吸收均田上廣大漢族農民充當府兵，擴大了府兵隊伍，軍事優勢形成；

三是北與突厥和親，南和陳朝通好，外交策略上的成功。

而北齊卻處於政出多門，不勝其弊的狀況。

北齊後主高緯是歷史上有名的昏君。他不愛說話，膽子又小，因此不願意接見大臣。大臣向他奏事時，都不敢抬頭看他，往往是把要講的事簡要，略略一說就慌忙退出了。

高緯對理政全無興致，日常生活卻十分奢侈，整日裡和一些寵臣、美姬鬼混，自彈琵琶，唱無愁之曲，近侍和之者以百數。

齊朝的老百姓給他送了個雅號，稱為「無愁天子」。高緯還隨意封官，連他寵愛的狗、馬、鷹、雞都被封為儀同、郡官、開府。北齊的政治一團漆黑。

北周武帝看清了北齊混亂的局勢，決定出兵伐齊。西元五百七十五年，周武帝命宇文純、司馬消難和達奚震為前三軍總管，宇文盛、侯莫陳瓊和宇文招為後三軍總管。楊堅、薛迥和李穆等率軍分道並進。

周武帝自率大軍六萬人，直指北齊河陰，不久順利攻下了河陰城。周軍進入北齊境內，紀律嚴明，頗得民心。

西元五百七十六年，北周再次出兵伐齊。此次伐齊，周武帝集中了十四.五萬兵力，並改變了前次進軍路線，親自率部直攻晉州。周軍主力進抵平陽城下。

右丞相高阿那肱沒有及時報告高緯，直至晚上，信使來說「平陽已陷」，高緯慌忙逃到鄴城。

西元五掰七十七年，北周第三次出兵伐齊。周武帝率軍攻破鄴城，高緯於先一日逃往濟州，又從濟州逃往青州，正準備投奔陳朝時，為北周追兵所俘，送往長安，第二年被殺。

變法圖強：歷代變法與圖強革新

周武帝滅齊，統一北方，在歷史上具有重大意義。它結束了自東西魏分裂以來近半個世紀的分裂割據局面，使人民免受戰爭苦難，得以重建家園，恢復生產，從而促進了整個北方政治、經濟、文化方面的廣泛交流和發展。

北方的局部統一為隋統一全中國奠定了堅實的基礎。可以說，沒有北周北齊的統一，就沒有後來南北朝的統一。

統一北方以後，周武帝並沒有居功自傲，仍然致力於北周朝政。

周武帝下令放免奴婢和雜戶，提高了他們的生產積極性。他還注重廣闢農田，興修水利，於蒲州開河渠，於同州開龍首渠，擴大灌溉面積。

他還制定了「刑書要制」。刑書要制在本質上是鎮壓人民的，但對豪強地主隱沒土地和人口也同樣施以重典。此外，他還頒發了統一的度量衡，便利於商業交往。

所有這些改革措施，順應了歷史發展的要求，促進了生產力的解放，對當時經濟的恢復，社會的安定，發揮積極的作用。

歷史看似要賦予周武帝機會，卻最終沒有給予他時間。正當他打算「平突厥，定江南」，實現統一全國理想的時候，不幸於出征前夕病逝。

周武帝一生戎馬倥傯，能和將士同甘共苦，身先士卒。他還勤於政事，生活簡樸，平居常穿布衣，蓋布被，後宮不過十餘人。

連《資治通鑑》作者司馬光也稱讚說：「他人勝則益奢，高祖勝而愈儉。」周武帝不愧為中國歷史中一位少數民族傑出的英才之主。

閱讀連結

北周武帝的皇后阿史那氏是突厥的王族，當初周武帝為了統一中原，便謀劃和突厥聯姻。

阿史那氏端莊美麗，但周武帝並不喜歡她，他們在一起生活了九年，始終沒有生下一男半女。阿史那氏二十八歲那年，三十六歲的周武帝去世，宇文贇即位，阿史那氏成了皇太后。

兩年後，宇文贇去世，宇文闡即位，她就成了太皇太后。但不到一年，宇文闡被楊堅廢掉，兩個月後被毒死。又過了一年，阿史那氏去世，時年三十二歲，上諡號為「武德皇后」。

▋唐代永貞革新

■唐順宗李誦畫像

「永貞革新」是中國唐代唐順宗時期官僚士大夫以打擊宦官勢力為主要目的的改革。因為發生於永貞年間，所以叫「永貞革新」。

唐順宗李誦即位，他的東宮舊臣王叔文、王伾居翰林用事，引用韋執誼為宰相。他們與柳宗元、劉禹錫等人結成政治上的革新派，共謀打擊宦官勢力，改革諸多弊政。

最後因保守勢力發動政變，幽禁唐順宗，擁立太子李純。致使以失敗而告終。改革歷時一百餘日。

但是，打擊了當時的方鎮割據勢力、專橫的宦官和守舊復古的大士族大官僚，順應了歷史的發展。

西元八百〇五年正月，唐德宗去世，太子李誦即位，這就是唐順宗。唐順宗在即位之前就比較關心朝政，對唐朝政

治的黑暗有深切的認識，他清楚地看到，「安史之亂」帶來的危害日見其深。

此時的唐王朝，貪鄙當道，賢能被逐，苛政如虎，百姓塗炭，唐順宗認為只有改革，才能革除政治的積弊。

在當時，因為「安史之亂」後中央對地方失控，已經形成藩鎮割據的局面，而藩鎮之亂也此起彼伏，迄無寧日。在這種情況下，如何抑制藩鎮勢力，重建中央集權，成為唐王朝君臣必須正視的問題。

「安史之亂」也導致君主不信朝臣，致使宦官得以干政，宦官竟然主管禁軍，並且已經制度化。宦官因為軍權在手，無所顧忌，干政益甚。

在這種情況下，如何抑制宦官勢力，奪回國家軍權，也成為唐王朝君臣必須正視的問題。

對於唐順宗的改革意願，各級官員表現出保守與革新兩種態度。高級官僚士大夫是保守派，他們注重既得利益，對變革新政不感興趣。

如老宰相賈耽，對防嫌免禍非常留意，對國家安危不關心。新宰相高郢也小心謹慎，不圖政績。他們相互攜手，共同維護舊的秩序。

低級官僚士大夫是革新派，他們身無長物，不怕冒險，敢於以變革新政為己任。如王叔文、王伾、劉禹錫、柳宗元等人。他們很想與一些朝中新進合作，共同開創新的局面。

唐順宗即位時已得了中風不語症，但還是立刻重用王叔文、王伾等人，讓他們參與朝廷大政的決策，進行大膽改革。他任命王叔文為翰林學士，王叔文用韋執誼為尚書左丞、同平章事。翰林學士掌機密詔令；同平章事為宰相。

於是，在唐順宗的支持下，革新派圍繞打擊宦官勢力和藩鎮割據這一中心，進行了一系列改革。

一是罷宮市五坊使。

唐德宗以來，宦官經常借為皇宮採辦物品為名，在街市上以買物為名，公開搶掠，稱為宮市。早在唐順宗做太子時，就想對德宗建議取消宮市。

當時王叔文害怕唐德宗懷疑太子收買人心，而危及太子的地位，所以勸阻了唐順宗。這次改革先將宮市制度被取消。另外，充任雕坊、鶻坊、鷂坊、鷹坊、狗坊這五坊小使臣的宦官，也常以捕貢奉鳥雀為名，對百姓進行訛詐。這次改革也將五坊使取消。這兩項弊政被取消，因而人心大悅。

二是取消進奉。

當時的節度使透過進奉錢物，討好皇帝，有的每月進貢一次，稱為月進，有的每日進奉一次，稱為日進，後來州刺史，甚至幕僚也都效仿，向皇帝進奉。貪官們以進奉為名，向人民搜刮財富。革新派上臺後，透過唐順宗下令，除規定的常貢外，不許別有進奉。

三是打擊貪官。

浙西觀察使李錡，原先兼任諸道轉運鹽鐵使，乘機貪汙。王叔文任翰林學士後，罷去他的轉運鹽鐵使之職。京兆尹李實，是唐朝皇族，封為道王，專橫殘暴。

有一年關中大旱，他卻虛報為豐收，強迫農民照常納稅，逼得百姓拆毀房屋，變賣瓦木，買糧食納稅。百姓恨之入骨，王叔文等罷去其京兆尹官職，貶為通州長史，百姓非常高興，群起歡呼。

四是打擊宦官勢力。

這是革新措施的關鍵，也是關係革新派與宦官勢力生死存亡的步驟。革新派裁減宮中閒雜人員，停發內侍郭忠政等十九人俸錢，這些都是抑制宦官勢力的措施。

革新派還計劃從宦官手中奪回禁軍兵權，任用老將范希朝為京西神策軍諸軍節度使，用韓泰為神策行營行軍司馬。

宦官發現王叔文在奪取他們的兵權，於是大怒，串通後約定，神策軍諸軍不要把兵權交給範希朝和韓泰二人，使王叔文這一重要步驟未能實現。

五是抑制藩鎮。

劍南西川節度使韋皋，派劉辟到京都對王叔文進行威脅利誘，想完全領有劍南三川，以擴大割據地盤。王叔文拒絕了韋皋的要求，並要斬劉辟，劉辟狼狽逃走。

從這些改革措施看，革新派對當時的弊政的認識是相當清楚的，在短短幾個月的時間裡，革除了一些弊政，受到了百姓的擁護。

但由於實力掌握在宦官和藩鎮手中，革新派卻是一批文人，依靠的是重病在身的皇帝，而皇帝基本上又是在宦官們的控制之中。所以，改革派隨時有被宦官和藩鎮勢力一網打盡的危險。

西元八百〇五年三月，侍御史竇群、御史中丞武元衡，將革新黨派列為異己，並進行攻擊。同時，宦官俱文珍、劉光琦、薛盈珍等朋黨相結，借唐順宗病久不癒，欲立李純為太子。而高郢、賈耽等宰相有的無所作為，有的稱疾不起，以表示與革新黨派不合作。

是年六月，劍南西川節度使韋皋、荊南節度使裴均、河東節度使嚴綬等，也相繼向唐順宗及太子奏表進言，攻擊革新黨派。王伾再三上疏，請以王叔文為宰相，朝廷不應，王伾遂稱病不出。

此時的形勢已經不利，緊接著王叔文又因母喪離開職位，形勢更急轉直下。

七月二十八日，俱文珍等逼順宗下制，貶王伾為開州司馬，王叔文為渝州司馬。王伾不久死於貶所，王叔文翌年也被賜死。

九日，太子李純正式即位於宣政殿，是為唐憲宗。隨後，其他幾位革新派也分別遭貶。

九月十三日，貶劉禹錫為連州刺史，柳宗元為邵州刺史，韓泰為撫州刺史，韓曄為池州刺史。

十一月七日，貶韋執誼為崖州司馬。

十四日，再貶劉禹錫為朗州司馬，柳宗元為永州司馬，韓泰為虔州司馬，韓曄為饒州司馬；又貶程異為郴州司馬，凌準為連州司馬，陳諫為臺州司馬。上述十人，合稱「二王八司馬」。

至此，永貞年間的變革新政運動徹底失敗。

「永貞革新」失敗了，但我們不能以成敗論英雄。「永貞革新」的主要目的是試圖緩解中唐以來日益尖銳的政治、經濟和階級矛盾，為此後的消滅宦官、藩鎮勢力，鞏固中央集權做好準備。總體來說，「永貞革新」在當時是具有進步意義的，實際上也的確為以後唐憲宗的中興局面打下了一定的基礎。

閱讀連結

那是在一次唐德宗的生日華誕上，略通一些佛教知識的皇太子李誦敬獻佛像作為賀禮，唐德宗對太子的這一禮物很滿意，就命韋執誼為畫像寫了贊語。

韋執誼得到太子的酬謝，按照禮節到東宮表示謝意。就在韋執誼這次來東宮拜謝皇太子的時候，身為太子的李誦鄭重地向時為翰林學士的韋執誼推薦了王叔文：「學士熟悉王叔文這個人嗎？他是位偉才啊！」

從此，韋執誼與王叔文相交，而且關係越來越密切。成為「二王」集團中地位特殊的核心人物之一。

變法圖強：歷代變法與圖強革新

近古時期 推行新政

近古時期 推行新政

　　從五代十國至元代是中國歷史上的近古時期。中國封建經濟發展至五代後期，統一的趨勢日益明顯，此時周世宗在經濟、政治各方面進行的改革，為統一事業做出了重要貢獻。

　　北宋的慶曆新政和王安石變法，突現了宋代政治、經濟、文化等各領域的現狀。至於金世宗的改革政績，歷來被史家所稱道。

　　他們除舊布新，建章立制，表明了一個改革者肩負使命的良知與願望，從而在中國近古時期留下了重重的一筆。

▌後周世宗改革

■周世宗柴榮畫像

　　周世宗柴榮是後周第二代皇帝。他在位期間，全面推行改革，大力整頓吏治，調整了當時統治階級內部，統治階級和農民之間的尖銳矛盾，廢除天下佛寺，安定了社會秩序，恢復發展了社會生產，國內經濟穩定持續發展。

　　周世宗還加強了軍事力量，為後周取秦隴，平淮右，復三關提供了保證，也日後的統一建立了重要基礎。他被史家稱為「五代第一明君」。

　　西元九五四年，北周太祖駕崩，柴榮按遺命在柩前即皇帝位，是為周世宗。年富力強的周世宗，雄心勃勃，決心開拓天下，休養百姓，營造太平。

　　為實現這一宏偉目標，他建立禁軍、南征北戰，改革政治，富國安民，營建帝都，暢通水路，建立了不朽功績。

周世宗即位時，正值黑暗、動盪的時期，北周國貧民弱，外敵四起。即位還不到十天，便有北漢勾結契丹大舉入侵。他力排眾議親自出征，招募勇士入編禁軍，簡選良將四面出擊，沉著應戰，危局中竟以少勝多，將漢軍擊潰。

　　戰後，周世宗賞有功，罰怯懦，懲處貪生怕死的將領，嚴厲整治驕兵悍將。他下令各地將戰鬥力最強的士兵送到京城，建立了精銳的禁軍。並將精銳者升為上軍，羸弱者裁汰，武藝特別出眾的選為「殿前諸班」。

　　從此，中央禁軍有足夠的武力控制地方藩鎮，成為服務於統一集權政治的武裝工具。在此後的征戰中，禁軍造成了決定戰爭勝負的關鍵作用。後來的北宋延續了禁軍制度，禁軍始終是北宋王朝實力最強的軍事力量。

　　大敗北漢後，周世宗派兵伐蜀，一舉收回四州，使後蜀不敢輕舉妄動。他審時度勢，三次親征南唐。

　　進攻南唐的戰爭從西元九百五十五年冬開始，一直持續至西元九百五十八年夏，奪取了江淮之間十四州六十個縣，逼使南唐退守江南。南唐主李璟因屢戰屢敗，奉表稱臣。後周大獲全勝，國力驟然增強。

　　五代政治黑暗，官吏極端貪暴。周世宗大力整頓吏治，破格任用賢才，改革了科舉制度存在的弊病，使一批有真才實學的人受到朝廷重用。

　　他力肅貪汙之風，嚴厲懲處貪官汙吏毫不手軟，就連親生父親的故友犯法也不徇私情。他嚴格考核官吏，有幾個官

變法圖強：歷代變法與圖強革新

近古時期 推行新政

員借奉命出使之機遊山玩水，也被他貶了官，這在中國古代官吏考核史上是絕無僅有的事例。

周世宗奉行人道，注重法治，廢除了隨意處死條款和凌遲之類的酷刑。

他以多種人道措施對待犯人，打掃監獄，洗刷枷拷，給犯人充足的飯食，允許探視有病的犯人，無主的病人由官府負責治療，嚴禁使犯人無故死亡，私自殺死犯人的官員被斬首。

他命人徹底修改法律，制定了較為完善的《大周刑統》，對北宋的《宋刑統》有著直接的影響。

周世宗關心民間疾苦，下令取消正稅之外的一切稅收，禁止地方官吏和豪紳將自己的賦稅轉嫁到百姓身上。他鼓勵開墾荒田，把中原無主荒田分配給逃亡人戶耕種，並對逃戶莊田頒布處理辦法，優待從遼朝返回的逃戶。

他還注重減輕租稅。西元九百五十八年頒發《均田圖》，派官吏均定河南等地六十個州租賦，廢除曲阜孔氏的免稅特權。又下令免收以前人民所欠兩稅，取消兩稅以外的苛捐雜稅和一些徭役。

周世宗抑制寺院經濟。當時佛教廣為流行，許多人為逃避徭役和賦稅紛紛「出家」，大量金屬被用來鑄造佛像，致使銅價上漲，錢幣奇缺。周世宗採取抑制佛教、打擊寺院經濟的措施，禁止私自剃度出家，拆毀寺廟數千所，勒令僧人還俗數十萬人，促進了商業發展。

周世宗針對日益發展的寺院勢力，於西元九百五十五年下令廢除沒有敕賜寺額的寺院三萬多所，迫使大批僧侶還俗，並禁止私自剃度僧尼。下令收購民間銅器佛像鑄錢。

有人認為他這樣做不近人情，他卻笑著說：「平定亂世乃千秋的功業。佛家曾說：如有益於世人，手眼尚且可以布施，區區銅像又何足道！」

周世宗打擊寺院經濟的措施，是繼北魏太武帝、北周武帝和唐武宗「三武滅佛」後的又一次大規模的抑佛運動，使後周控制的勞動力和土地大量增加。

周世宗延聘文學之士，實行考試制度，糾正科舉弊端。

重視國家的藏書和文化建設。他曾多次親臨史館視察藏書情況，見藏書太少，便下詔採取激勵政策，欽定凡獻書之人，均給以優賜。聚而又校，選常參官三十人，對所藏圖書進行校讎、刊正、抄寫，並令在書卷末署校書名銜。為後周國家藏書奠定了基礎。

周世宗曾極為誠懇地專門下詔要求群臣儘量上書言事，還點名讓二十多名翰林學士都寫兩篇文章《為君難為臣不易論》和《平邊策》。

這種以命題向眾多朝臣徵求治國之策的做法在歷史上是很少見的，而且他也絕不是譁眾取寵，只做做樣子。在認真審讀大臣的建議後，他欣然採納了大臣王樸《平邊策》中「先易後難」的主張，以此制定統一大計，付諸實踐。

在開封城市建設史上，周世宗是個重要人物。他曾命大將趙匡胤騎馬飛奔，直至馬力傾盡跑出二.五萬公尺。於是

周世宗下令以馬跑的範圍擴建城池，修建了氣勢宏偉的東京外城。這就是「跑馬圈城」的故事。

唐朝後期曾大規模擴建開封城池，奠定了開封城基礎。時過一百七十多年之後，周世宗把汴州城拓展了一倍多，分外城、內城和皇城，城牆高大敦厚，建築規整有序，為無險可守的開封城築起了層層軍事防線。

由於經濟復甦，商業發展，城市人口迅速增長，城內房屋過於密集，民宅侵入官道，致使車馬無法通行。周世宗著眼於帝王之都的長遠發展，下令將城內違章建築全部拆毀，將城內的墳墓全部遷往城外重新安葬。

這種讓「死人給活人騰地方」的做法雖然高瞻遠矚，在當時卻是需要極大勇氣的，也遭到了許多人的非議和唾罵。周世宗明知會招來怨言，卻依然故我，絲毫沒有退縮。

他對身邊的大臣說：「這樣的事情總得有人來做，這樣做的好處你們會在幾十年以後看到。」

開封素有「北方水城」之稱，但在五代時期，由於藩鎮割據，戰火連綿，流經開封的大運河已不能通航，黃河水患不斷。周世宗命人治理運河、黃河和汴河，堵塞黃河決口，修固黃河河堤，還在汴河口立斗門控制黃河水勢，確保京城的安全。

為恢復以開封為中心的水路交通網，周世宗命人興修水利，疏通漕運，先後疏濬了胡盧河、汴河、五丈河等。這樣一來，山東和江南各地的糧食以及其他貨物等，都可由水道直達京城。

水路交通樞紐地位的恢復，使開封成為當時全國規模最大、設施最完備、經濟最繁榮的城市，從而決定了後來北宋定都於此，對於趙匡胤的統一戰爭意義重大。

西元九百五十九年，周世宗見契丹君臣昏庸，國政紊亂，趁此良機，領軍親征，收復北方失地。四十二天之間，兵不血刃收復三個州十七個縣，取得了五代以來對遼作戰最大的勝利。

周世宗信心百倍，打算乘勝進軍，一舉收復幽州。可惜在這緊要關頭，他卻突然患病，被迫班師還朝。西元九百五十九年六月二十九日，日落時分，殘陽如血，積勞成疾的周世宗，帶著他的抱負，帶著他的遺憾，永遠離開了人世。

周世宗是位志在四方，有能力收拾舊河山的軍事家，更是目光遠大、膽識過人的政治家和改革家。他曾經希望能做三十年皇帝，「以十年開拓天下，十年養百姓，十年致太平」。

為了實現這一宏偉目標，他在軍事、經濟、政治和文化等方面，以務實的態度、宏大的魄力，革故鼎新，做出了許許多多超越前人，啟迪後世的非凡之舉，卓有成效、影響深遠。

他在位不到六年，但他已經為後來北宋的統一事業奠定了基礎。周世宗堪稱照耀黑暗時代的一顆璀璨明星！

閱讀連結

周世宗柴榮凡事率先垂範，甚至事必躬親。他先後五次親自領兵出征，每次都親力親為，戰鬥在第一線。

　　有一次，柴榮率領軍隊打算從水路進攻南唐，但在進軍途中，有一段河道無法疏通，使大軍受阻。

　　有的將領向柴榮稟告說，河道一旦被掘通，河水必然倒灌，所以無法安全施工，並建議改道前進。柴榮聞聽此言，便親自前去察看，幾天後傳下手諭，並且附有非常詳細的施工方法。隨軍工匠依法施行，果然安全地疏通了河道，大軍得以出征。

▌北宋慶歷新政

■宋仁宗趙禎畫像

　　宋仁宗時，官僚隊伍龐大，行政效率低，土地兼併加劇，人民生活困苦，歲幣和軍費開支有增無已，國家財用日絀，國內危機不斷加深，遼和西夏威脅著北方和西北邊疆。

在內擾外困的情況下，一〇四三年，宋仁宗責成范仲淹、歐陽修、富弼、韓琦、蔡襄、王素、余靖等人有所更張，施行新政，以圖太平。史稱「慶歷新政」。

由於新政強調澄清吏治，對官吏和商人構成威脅，而守舊派朝臣習於苟安，反對新政，宰相范仲淹被迫自行引退。慶歷新政最終以失敗收場。

慶歷初年，是北宋政壇風雲激盪，政局劇烈搖擺時期。北宋的邊防開支突然膨脹。政府為了擴大收入，不得不增加百姓負擔。於是，包括京城附近在內，各地反抗朝廷的暴動與騷亂，紛然而起。

西元一〇四三年至一〇四四年，宋軍對夏戰爭慘敗，內部動盪已是山雨欲來之勢。

急欲穩定政局的宋仁宗皇帝，將西線的三名統帥范仲淹、夏竦和韓琦一同調回京師，分別任命為最高軍事機關的正副長官樞密使和樞密副使，又擴大言官編制，親自任命歐陽修、余靖、王素和蔡襄為四名諫官，後來號稱「四諫」。

「四諫」官第一次奏言，撤掉了略無軍功的夏竦，以杜衍和富弼為軍事長官。「四諫」官第二次奏言，徹底罷免了呂夷簡的軍政大權。「四諫」們第三聲奏論，驅逐了副宰相王舉正，以范仲淹取而代之。

西元一〇四三年，宋仁宗連日催促范仲淹等人，拿出措施，改變局面。范仲淹、富弼和韓琦，連夜起草改革方案。特別是范仲淹，認真總結從政二十八年來醞釀已久的改革思

想，很快寫成了著名的新政綱領《答手詔條陳十事》，作為改革的基本方案。

《答手詔條陳十事》也叫《十事疏》，涉及澄清吏治、厲行法治和富國強兵三個方面，提出了十項改革主張，它的主要內容是：

一是明黜陟，即嚴明官吏升降制度。

那時，升降官員不問勞逸如何，不看政績好壞，只以資歷為準。故官員不求有功，但求無過，因循苟且，無所作為。范仲淹提出考核政績，破格提拔有大功勞和政績明顯的，撤換有罪和不稱職的官員。

二是抑僥倖，即限制僥倖做官和升官的途徑。

當時，大官每年都要自薦其子弟充京官，一個學士以上的官員，經過二十年，一家兄弟子孫出任京官的就有二十人。

這樣一個接一個地進入朝廷，不僅增加了國家開支，而且這些紈絝子弟又不做正事，只知相互包庇，結黨營私。為了國家政治的清明和減少財政開支考慮，應該限制大官的恩蔭特權，防止他們的子弟充任館閣要職。

三是精貢舉，即嚴密貢舉制度。

為了培養有真才實學的人，首先應該改革科舉考試內容，把原來進士科只注重詩賦改為重策論，把明經科只要求死背儒家經書的詞句改為要求闡述經書的意義和道理。這樣，學生有真才實學，進士之法，便可以依其名而求其實了。

四是擇長官。

針對當時分布在州縣兩級官不稱職者十有八九的狀況，范仲淹建議朝廷派出得力的人往各路檢查地方政績，獎勵能員，罷免不才；選派地方官要透過認真地推薦和審查，以防止冗濫。

　　五是均公田。

　　公田，即職田，是北宋地方官的定額收入之一，但分配往往高低不均。范仲淹認為，供給不均，怎能要求官員盡職辦事呢？

　　他建議朝廷均衡一下他們的職田收入；沒有發給職田的，按等級發給他們，使他們有足夠的收入養活自己。然後，便可以督責他們廉節為政；對那些違法的人，也可予以懲辦或撤職了。

　　六是厚農桑，即重視農桑等生產事業。

　　范仲淹建議朝廷降下詔令，要求各級政府和人民，講究農田利害，興修水利，大興農利，並制定一套獎勵人民、考核官員的制度長期實行。

　　七是修武備，即整治軍備。

　　范仲淹建議在京城附近地區招募強壯男丁，充作京畿衛士，用來輔助正規軍。這些衛士，每年大約用三個季度的時光務農，一個季度的時光教練戰鬥，寓兵於農，實施這一制度，可以節省給養之費。京師的這種制度如果成功了，再由各地仿照執行。

　　八是推恩信，即廣泛落實朝廷的惠政和信義。

主管部門若有人拖延或違反赦文的施行，要依法從重處置。另外，還要向各路派遣使臣，巡察那些應當施行的各種惠政是否施行。這樣，便處處都沒有阻隔皇恩的現象了。

九是重命令，要嚴肅對待和慎重發布朝廷號令。

范仲淹認為，法度是要示信於民，如今卻頒行不久便隨即更改，為此朝廷必須討論哪些可以長久推行的條令，刪去繁雜冗贅的條款，裁定為皇帝制命和國家法令，頒布下去。這樣，朝廷的命令便不至於經常變更了。

十是減徭役。

范仲淹認為如今戶口已然減少，而民間對官府的供給，卻更加的繁重。應將戶口少的縣裁減為鎮，將各州軍的使院和州院塌署，並為一院；職官廳差人乾的雜役，可派級一些州城兵士去承擔，將那些本不該承擔公役的人，全部放回到農村。這樣，民間便不再為繁重的困擾而憂愁了。

《答手詔條陳十事》寫成後，立即呈送給宋仁宗。宋仁宗和朝廷其他官員商量，表示贊同，便逐漸以詔令形式頒發全國。

於是，北宋歷史上轟動一時的「慶曆新政」就在范仲淹的領導下開始了，范仲淹的改革思想得以付諸實施。

新政實施的短短幾個月間，政治局面已煥然一新：官僚機構開始精簡；以往憑家勢做官的子弟，受到重重限制；昔日單憑資歷晉升的官僚，增加了調查業績品德等手續，有特殊才幹的人員，得到破格提拔；科舉中，突出了實用議論文的考核；全國普遍辦起了學校。

范仲淹還主張，改變中央機關多元領導和虛職分權的體制，認真擴大宰臣的實權，以提高行政效率。為了撤換地方上不稱職的長官，他又派出許多按察使，分赴各地。范仲淹坐鎮中央，每當得到按察使的報告，就翻開各路官員的花名冊把不稱職者的名字勾掉。

在范仲淹的嚴格考核下，一大批尸位素餐的寄生蟲被除了名，一批幹才能員被提拔到重要職位，官府辦事效能提高了，財政、漕運等有所改善，暮氣沉沉的北宋政權開始有了起色。

朝廷上許多正直的官員紛紛賦詩，讚揚新政，人們圍觀著改革詔令，交口稱讚。

改革的廣度和深度，往往和它遭到的反對成正比，大批守舊派的官僚們，開始竊竊私議。御史臺的官員中，已有人抨擊某些按察使，說什麼「江東三虎」、「山東四傖」。范仲淹在邊防線上的幾員部將，也遭到祕密的調查，並遇到許多麻煩。

歐陽修等「四諫」，企圖撐走這些保守派的爪牙，另換幾名臺官。但他們很快發現，臺官背後，掩藏著更有權勢的人物。歐陽修本人反被明升暗撤，離京出使河東。范仲淹預感到，事情不那麼簡單，改革路上，隱患重重。

西元一〇四五年初，宋仁宗下詔解除了范仲淹參知政事的職務，將他貶至鄧州，即今河南鄧縣，其他革新派人士都相繼被逐出朝廷。

實行一年有餘的各項新政，先後取締。京師內外的達官貴人及其子弟，依舊歌舞喧天。堅持了十六個月的「慶歷新政」終於失敗。

「慶歷新政」失敗以後，宋朝的階級矛盾和民族矛盾並未緩和，積貧積弱的局面仍在發展，統治集團感到危機四伏，因而改革的呼聲在一度沉寂之後，很快又高漲起來，終於掀起一次更大的變法活動。

閱讀連結

范仲淹在應天府讀了五六年書，成績優異，便有了一個遠大的人生理想。據《能改齋漫錄》記載，范仲淹應試前，特到祠堂求籤，諮詢能否當宰相，籤詞表明不可以。

他又求了一籤，暗中祈禱：「如果不能當宰相，希望能當良醫」，結果還是不行。於是，他擲籤於地，慨然長嘆：「男子漢大丈夫，這也不能做，那也不能做，還有什麼意思！」

這就是「不為良相，則為良醫」名言的來歷。范仲淹有一句名言：「先天下之憂而憂，後天下之樂而樂。」

北宋王安石變法

■王安石雕像

　　王安石是北宋丞相，新黨領袖。他是中國歷史上傑出的政治家、思想家、文學家、改革家，「唐宋八大家」之一。

　　王安石變法是針對北宋當時積貧積弱的社會現實，以富國強兵為目的的，而掀起的一場轟轟烈烈的改革。

　　王安石變法是中國古代的一次重要改革活動，他推行的富國強兵措施，已經具備了近代變革的許多特點，被譽為中國十一世紀偉大的改革家。

　　王安石出身於地方官家庭，自幼聰穎，讀書過目不忘。而且他從小隨父宦遊南北各地，更增加了社會閱歷，開闊了眼界，目睹了人民生活的艱辛，對宋王朝積貧積弱的局面有了一定的感性認識，青年時期便立下了「矯世變俗」之志。

變法圖強：歷代變法與圖強革新

近古時期 推行新政

　　西元一〇四二年三月考中進士，授淮南節度判官。之後調任鄞縣，為人正直，執法嚴明，為百姓做了不少有益的事。

　　西元一〇五八年冬，王安石改任三司度支判官時，給朝廷呈上《上仁宗皇帝言事書》，系統地提出了變法主張，法度必須改革，以求其能「合於當世之變」。要求改變北宋「積貧積弱」的局面，抑制大官僚、大地主的兼併和特權，推行富國強兵政策。

　　他認為變法的先決條件是培養人才，因此建議改革科舉制度，整頓太學，唯才是舉，培養經世致用的人才。

　　王安石主張變法，宗旨是以改革北宋建國以來的積弊。

　　積弊之一就是存在著三大矛盾：民族對立嚴重，北宋與西夏和遼國發生多次戰爭；統治集團內部矛盾突出，改革派與守舊派鬥爭激烈；階級矛盾尖銳，宋朝統治者由於對土地兼併採取「不抑兼併」態度，導致三分之一的自耕農淪為佃戶和豪強地主隱瞞土地，致使富者有田無稅、貧者負擔沉重，連年的自然災害加劇了農民苦難，因而造成各地農民暴動頻繁。

　　冗官是北宋政府採用分化事權和集中皇權造成的。比如，宰相職位一般有很多人擔任，同時還設置了樞密使、參知政事、三司使，來分割宰相的軍、政、財權。

　　官職也不斷增加，導致北宋機構臃腫；採用恩蔭制，一個官僚一生當中可以推薦數十個親屬當官；北宋大興科舉，科舉應試人數增加，取士人數也增加。

冗兵是擴充軍隊造成的。為了防範軍閥割據，農民起義，抵禦北方民族的南侵，穩定社會秩序，宋代不斷擴充軍隊的數量，形成了龐大的軍事體系，軍費開支佔到整個財政支出的十之八九，造成冗兵問題。

　　冗費是冗官、冗兵導致的直接結果，使政府財政支出增加。與此同時，由於土地兼併現象嚴重，富豪隱瞞土地，導致財政收入銳減，因而造成了北宋政府的財政危機。

　　還有就是積貧和積弱這兩積問題。積貧，國家財政入不敷出，國庫空虛，出現財政危機，導致積貧局面的形成。積弱，北宋吸取中唐以後武將擁兵、藩鎮割據的教訓，大力削弱武將的兵權，領兵作戰的將領沒有調動軍隊的權利，帶來的後果是指揮效率和軍隊戰鬥力降低，導致宋軍在與遼、西夏的戰爭中連年戰敗，形成積弱的局面。

　　北宋初年上述三大矛盾和「三冗」、「兩積」問題的存在，引起了嚴重的社會危機，革新除弊逐漸成為朝野共識。

　　西元一〇六七年宋明神宗繼位，起用王安石為江寧知府，旋即詔為翰林學士兼侍講。後來曾經多次與王安石討論治國之道，並任王安石為參知政事，主持變法。

　　王安石變法的第一項舉措就是進行機構改革。

　　西元一〇六八年二月設的「制置三司條例司」，是王安石推動變法第一個設立之機構，原本宋朝的財政由三司掌握，王安石設立置制三司條例司來作為三司的上級機構統籌財政，是當時最高財政機關，此機關除了研究變法的方案、規

劃財政改革外，也制定國家一年內的收支，並將收入定其為定式。

西元一〇七二年三月，王安石頒行市易法。由政府出資金一百萬貫，在開封設「市易務」即市場交易司，在平價時收購滯銷的貨物等到市場缺貨的時候再賣出去。同時向商販發放貸款，以財產作抵押，五人以上互保，每年納息兩分。用以達到「通有無、權貴賤，以平物價，所以抑兼併也。」市易法增加了財政收入。

西元一〇七〇年，王安石令司農寺制定《畿縣保甲條例頒行》。鄉村住戶，每五家組一保，五保為一大保，十大保為一都保。

凡有兩人以上的農戶，選一人來當保丁，保丁平時耕種，閒時要接受軍事訓練，戰時便徵召入伍。以住戶中最富有者擔任保長、大保長、都保長。用以防止農民的反抗，並節省軍費。

王安石變法的第二項舉措是進行稅賦改革。

一是制定《方田均稅條約》。

西元一〇七一年八月由司農寺制定《方田均稅條約》，分方田與均稅兩個部分。方田是每年九月由縣長舉辦土地丈量，按土壤肥瘠定為五等，均稅是以方田丈量的結果為依據，制定稅數。

方田均稅法清出豪強地主隱瞞的土地，增加了國家財政收入，也減輕了農民負擔，同時卻嚴重損害了大官僚大地主的利益，遭到他們強烈反對。

二是改革均輸法。

此法早在西漢桑弘羊時試行，唐代以後各郡置均輸官，達到「斂不及民而用度足」。但是王安石以內藏錢五百萬，上供米三百萬石為本錢，行使均輸法，漢朝的桑弘羊和唐朝的劉晏行使均輸法都不另撥本錢，所以王安石的均輸法也算是創新。

為了供應京城皇室、百官的消費，又要避免商人囤積，在淮、浙、江、湖六路設置發運使，按照「徙貴就賤，用近易遠」、「從便變易蓄買，以待上令」的原則，負責督運各地「上供」物質。意在省勞費、去重斂，減少人民的負擔。

三是頒布青苗法。

青苗法起源於陝西轉運使李參，所以青苗法是一個地方實踐後推向全國的產物。王安石頒布的青苗法，規定以各路常平、廣惠倉所積存的錢穀為本，其存糧遇糧價貴，即較市價降低出售，遇價賤，即較市價增貴收購。

其所積現錢，每年分兩期，即在需要播種和夏、秋未熟的正月和五月，按自願原則，由農民向政府借貸錢物。收成後，隨夏、秋兩稅，加息百分之二十或百分之三十歸還穀物或現錢。

青苗法使農民在新陳不接之際，不至於受高利貸的盤剝，但具體實施中出現強制借貸現象，是王安石變法措施中爭議最大的內容。

四是實施募役法。

募役法又稱「免役法」，於西元一○七○年十二月由司農寺擬定，開封府界試行，同年十月頒布全國實施。

免役法廢除原來按戶等輪流充當州縣差役的辦法，改由州縣官府自行出錢僱人應役。僱員所需經費，由民戶按戶分攤。原來不用負擔差役的女戶、寺觀，也要繳納半數的役錢，稱為「助役錢」。

實施募役法使得農民從勞役中解脫出來，保證了勞動時間，促進了生產發展，也增加了政府財政收入。

此外，王安石頒布了農田水利法。

規定各地興修水利工程，用工的材料由當地居民照每戶等高下分派。只要是靠民力不能興修的，其不足部分可向政府貸款，取息一分，如一州一縣不能勝任的，可聯合若干州縣共同負責。此法還獎勵各地開墾荒田，興修水利，修築堤防圩岸，由受益人戶按戶等高下出資興修。

在王安石的倡導下，一時形成「四方爭言農田水利」的熱潮。北方在治理黃、漳等河的同時，還在幾道河渠的沿岸淤灌成大批「淤田」，使貧瘠土壤變成良田。

王安石變法的第三項舉措是進行軍隊改革。

一是實施裁兵法，整頓廂軍及禁軍。規定士兵五十歲後必須退役，測試士兵，將禁軍中不合格者改為廂軍，廂軍不合格者改為民籍。

二是實施將兵法，又叫「置將法」。廢除北宋初年訂立的更戍法。用逐漸推廣的辦法，把各路的駐軍分為若干單位，

每單位置將與副將一人，專門負責操練軍隊，以提高軍隊素質。

三是實施保馬法。明神宗時，宋朝戰馬只有十五萬餘匹，政府鼓勵西北邊疆人民代養官馬。凡是願意養馬的，由政府供給馬匹或政府出錢讓人民購買，每戶一匹，富戶兩匹。馬有生病死亡的，就得負責賠償，但遭遇到瘟疫流行，死了不少馬匹，徒增民擾。不久廢止，改行民牧制度。

四是實施軍器監法。宋代武器原歸中央三司冑案和諸州將作院製造，質量粗劣，嚴重影響戰鬥力。為了改善這種狀況，西元一○七三年八月廣設軍器監，負責監督製造武器；並且招募工匠，致力改良武器。

王安石變法的第四項舉措是進行科舉改革。

關於科舉和教育制度改革，王安石主要依靠的理論來源就是《上仁宗皇帝言事書》，其中主要談到當時科舉和教育的弊病主要是課試文章主要是章句之學，以及人主沒有陶冶人才，所以提出「養之、教之、任之」的方法。

一是採取三舍法，即把太學分為外舍、內舍、上舍三等，「上等以官，中等免禮部試，下等免解」，以學校的平日考核來取代科舉考試，選拔真正的人才。後來地方官學也推行此法。

二是改革貢舉法。王安石改革貢舉法，廢明經、存進士。於西元一○七○年三月，進士殿試罷詩、賦、論三題而改試時務策；於西元一○七一年二月，頒新貢舉制，廢明經，專以進士一科取士。另設「明法科」，考察律令和斷案。

變法圖強：歷代變法與圖強革新
近古時期 推行新政

　　三是頒行新的經義。西元一○七二年，明神宗正式提出應該頒行新的經義。次年，宋明神宗任命王安石提舉經義局，由呂惠卿、王雱等兼修撰《詩》、《書》、《周官》等書。

　　在重新訓釋經義時，王安石確定了這樣幾條原則：

　　第一，訓釋經義，是為了破除「偽說」，教育士子，使其符合「盛王」時的做法；

　　第二，要恢復經文本義，打破疏不破注即在解釋舊注時，不改變其任何觀點的成法，反對漢以後煩瑣的章句傳注使源流失正的陋習；

　　第三，闡明經文義理，反對對經義的曲解和煩瑣學風。

　　王安石變法觸動了大地主大官僚階級的利益，遭到他們的強烈反對。同時，改革的最主要支持者宋明神宗在關鍵時刻發生了動搖，宋明神宗死後司馬光出任宰相，徹底廢除新法。

　　王安石變法以「富國強兵」為目標，從新法實施，到守舊派廢罷新法，前後將近十五年時間。

　　在此期間，每項新法在推行後，基本上收到了預期的效果，使豪強兼併和高利貸者的活動受到了一些限制，使中、上級官員、皇室減少了一些特權，而鄉村上戶地主和下戶自耕農則減輕了部分差役和賦稅負擔，國家也加強了對直接生產者的統治，增加了財政收入。

　　王安石變法遭到失敗，也不能完全在於守舊派反對，他的政策和做法都值得檢討。

創行變法之初，司馬光曾致函叫王安石不要用心太過，自信太厚，王安石覆書抗議，深不以為然，兩人本是極要好又互相推重的朋友，從此割袍斷義。再如，蘇軾本來是擁護新法的最好人選，但蘇軾的很多正確的意見也未能被王安石採納。

一〇八六年，司馬光在宋哲宗朝為相，盡廢新法，蘇軾、范純仁等人皆曰不可，司馬光執意而行。不久王安石在南京病死，同年九月，司馬光病逝。

一〇九三年，在宣仁太后主導下，致力於恢復祖宗舊制，前後歷時九年。支持變法者被稱之為「元豐黨人」，反對變法者被稱之為「元祐黨人」。從此宋朝進入了黨爭的泥沼，難以自拔。

王安石變法對後世產生了深遠的影響，歷代多有評說。南宋高宗為開脫父兄的歷史罪責，把王安石作為北宋亡國元兇的論調，經宋國史至元人修《宋史》所承襲，成為中國皇權時代官方定論。

閱讀連結

王安石打算身邊再要個書僮，可是連著看了幾個都不中意。

這一天，家人又找來個書僮，請王大人過目。王安石問了他幾個問題，小傢伙答得不錯。

　　王安石看他聰明伶俐，也沒說什麼，在紙上寫了幾行字，交給了家人：一月又一月，兩月共半邊；上有可耕之田，下有長流之川；一家有六口，兩口不團圓。

　　家人看了，沉思了一會兒，終於明白了主人的意思，就把小傢伙留下了。原來，王安石寫的是個字謎，謎底就是一個「用」字。

金朝金世宗改革

■金世宗完顏雍坐像

　　金世宗完顏雍是金朝第五位皇帝。在此時期，他革除了海陵王統治時期的弊政，重新整頓了金朝的統治秩序，並且提倡開荒，實行屯田，減免租稅，使北方經濟得到穩定發展，

實現了天下小康的繁榮鼎盛，因此，金世宗也被稱為「小堯舜」。

金世宗的政績使贏得了封建史學家的美譽，頌揚他有「漢文學風」。說他統治「號為小康」。

金世宗完顏雍的女真名叫烏祿，是金太祖阿骨打的孫子。完顏雍長得很魁偉，性格沉靜明達，又善於騎射。年輕時，他每次出獵，很多老年人都跟了去看，讚賞他的騎射技術，被國人推為第一。

他為人寬厚，常隨叔伯們四處征戰，將士都很推崇他。

完顏雍能文能武，在女真貴族中威望較高，海陵帝完顏亮對他很不放心，經常調動他的官職。完顏雍的妻子烏林答氏勸完顏雍多向海陵進獻珍異，以打消他的猜疑，免遭誅身之禍。

完顏雍照妻子的話，把許多珍寶送給海陵。海陵認為完顏雍怕他，對他又很恭順，疑忌之心稍解。但在完顏雍任東京留守時，海陵還是派了心腹高存福任東京副留守去監視他。

西元一一六一年，海陵動員了大量的兵力、物力、財力與宋朝開戰，搞得民不聊生，盜賊蜂起。契丹人不願當兵，殺了金朝官吏，奪取三千副兵甲，舉行起義。海陵的統治更加不穩。

同年十一月，南征萬戶完顏福壽等率領金軍兩萬人從山東前來，完顏謀衍率兵五千餘人從常安，即今遼寧瀋陽東北前來，他們都來投奔完顏雍。各路軍隊入城，共同擊殺高存福等人。

隨後，諸軍官屬來到完顏雍的府第求見。完顏雍剛剛走出來，諸軍官屬在廷下高呼萬歲。完顏雍推讓了一番，將領、官員一再勸進。

於是，完顏雍親赴太廟，祭告祖先，再來到宣政殿登上了皇帝的寶座是為金世宗。金世宗即位後，改元大定，廢黜海陵。從此開始了他為期二十九年的統治。

金世宗雖然順利地登基，但他即位後的金朝政局並不穩定。金朝自阿骨打建國以來，至金世宗已歷四帝，即金太祖、金太宗、金熙宗和海陵帝。

海陵帝完顏亮即位為海陵帝後，便執行以殺戮來穩定政局的政策，甚至連他自己的母親由於反對南伐宋朝，也被他殺害了。朝中人人自危。

金世宗即位時金朝的政局不穩，還表現在金朝境內布滿了各族人民的起義。海陵帝時，女真族大量南遷，金朝政府授予他們土地，這必然要侵奪當地人民的土地，因而激起人民的反金抗爭。

同時，海陵帝與宋開戰，在民間橫徵暴斂，又強徵漢族壯丁入伍。丁男不能從事農業生產，而軍隊需要大批糧餉，就產生了經濟危機。這也激起各族人民的反金抗爭。人民的起義動搖著金朝的統治。

金世宗就是在這種危機四伏的情況下即位的。他即位後面臨的首要任務就是如何穩定政局。

在當時，各族牧民大起義，尤其是契丹人移剌窩斡領導的牧民大起義，嚴重威脅著金世宗的統治。所以他即位以後，立即採用招撫和鎮壓兩手，來對付起義軍。

後來移剌窩斡被人出賣，捕至京師，一部分起義軍投奔了南宋。金世宗把移剌窩斡梟首於市，然後又派人前去招撫契丹各部。

為了防止契丹人民的反抗，金世宗把參加起義的契丹人分別編入女真的猛安謀克各部，使之雜處，便於更好的統治。這樣，金的境內暫時取得了相對穩定的局面。

金世宗又把都城遷到中都。金世宗即位於金的東京遼陽府，遼陽府地理位置偏僻，不適合做都城。為此，金世宗詔群臣宣布遷至中都的日期，決定以中都為都城。這是金世宗即位後的一項穩定政局的措施。

金世宗對前朝宗室採取了安撫政策。他一反金熙宗和海陵帝濫殺宗室貴族反對派的做法，一即位就表示維護宗室貴族和對海陵手下的高官採取寬容大度的政策。

金世宗下詔歷數海陵殺皇太后、太宗及宗翰、宗弼子孫，毀上京等幾十條罪過，把他貶為煬王。然後給完顏亶除掉東昏王的稱號，恢復名譽，加謚號為熙宗，改葬於思陵。又修復被海陵毀掉的會寧府宮殿，恢復上京稱號。

金世宗還多次下詔令，對那些被無辜殺戮大臣的家屬並淪為奴僕的，恢復他們的身分；對那些大臣的遺骨，派人到各處去訪求，得到以後，由官府收葬；對那些被海陵無故削

職、降職的官員，給予改正，量才錄用。這些措施都起了安撫、籠絡女真宗室貴族的作用。

金世宗的各項改革，首推吏治改革。他注重唯賢唯才，不重資歷。他認為，按照資歷用人，只是對待一般的人來說，對於才幹過人者，就不該拘泥於常例。選官不重資歷，這就把一批有才幹、年富力強的人選到了領導集團中來。

西元一一六二年二月的一天，在金朝首都的宮門口，有個老臣侷促不安地等待著求見金世宗。他叫張浩，遼陽渤海人，從金太祖阿骨打時期起就任官，是前任丞相。

金世宗親切地接見了他，並推心置腹地對他說：「現今，我感到國君難當，生怕出現一些差錯和弊端。你是國家的元老，理當齊心合力幫我治理好我們的國家，好讓後世人來讚揚我們的德政。」

張浩是個秉公辦事的人，在任地方官時，所在的縣秩序井然，政績顯著；後任尚書時，負責監督營建燕京都城的施工，也深得民心。

但是，也正是在他任丞相期間，海陵帝好大喜功，濫肆征伐，大興土木，弄得民怨鼎沸。張浩雖曾婉言相勸，可並沒有抵制。張浩深感自己未盡職責。

金世宗知道張浩的為人，也怕他有此顧慮，於是就對他說：「在海陵帝時，你是丞相，負有一定的責任，但是有些事與你無關，因此大家並不怪罪於你。現在，我繼續請你為丞相，也就是對你的信任，請你自勉，不要辜負了我的信任。」

張浩對金世宗這番通情達理的講話非常感激。這次會見，使君臣之間的感情得到了交流。

　　幾天之後，金世宗對張浩說：「你是尚書令，凡有可用的人才，應立即推薦上來。」張浩見金世宗態度誠懇，就大膽地薦舉了紇石烈志寧。

　　紇石烈志寧本名叫撒曷輦，是海陵帝時的左丞、右領軍大都督。

　　一天，金世宗把紇石烈志寧等降將找來。金世宗對他們說：「海陵帝暴虐殘忍，你們卻大加保護；我派使者去勸你們歸來，你們又殺使臣。現在，我如果把你們處死也是理所當然的。」

　　紇石烈志寧回答說：「我們因為得了海陵帝的厚恩，所以不降，罪該萬死。」

　　但是，金世宗不念舊惡，又看到他們很有才能，就赦免了他們，還任用紇石烈志寧為臨海節度使。後來，金世宗重用紇石烈志寧為右丞相，進封金源郡王。紇石烈志寧屢建戰功，為金朝作了不少貢獻。

　　金世宗對官吏的升遷以政績為準，反對苟且因循。

　　金世宗建議到了一定年齡的官吏就應當辭官。他認為人到晚年，精力總是不足的，因此他規定朝中大臣「許六十致仕」，也就是允許六十歲辭去官職。他還有對官吏賞罰分明，並令中央和地方官經常交流等，這些都取得了良好的效果。

變法圖強：歷代變法與圖強革新
近古時期 推行新政

　　金世宗的吏治改革，使得女真貴族和海陵手下的官員，紛紛前來投奔，最高統治集團很快就穩定了。在他統治時期，金朝政府內形成了一個精幹的有能力的統治核心。

　　核心成員中有在海陵帝時身居高位的人，有反對過金世宗的人，有資歷淺薄的人，也有出身低微的人。如移剌道，原先是個都督府長史，後按資歷升任翰林直學士，但是，根據他的政績和才能，金世宗破格提拔為轉運使，後又任宰相。

　　金世宗依靠這個領導核心中，實行了政治、經濟、文化方面的改革。在改革吏治的同時，金世宗在官制、法制方面，也進行了改革，並進一步發展了科舉制。他即位後，在金熙宗、海陵改革官制的基礎上，著眼於集權於皇帝，又進行了改革。

　　新定的官制，以尚書令、左右丞相和平章政事為宰相官，左右丞、參知政事為執政官。宰相增員，可以分散宰相的權力，以集權於皇帝一人，也可以使更多的官員參與政事。

　　在法制上，金世宗主張擇善而從。他認為舊的法律條文有不合適的地方，應當更改，唐朝、宋朝的法律有可用的就用。

　　他還對臣下說：「制定法律條文，不要只侷限於按照舊律，而且一些條文還很難讓人看懂。歷代的法律都在不斷地修訂、補充。文化低的百姓，常因不懂法律而違法。如果對那些難懂的條文，加以刪改，讓百姓一看就明白，不是更好嗎？應當修訂法律，務必讓大家明了。」

　　金朝的法律經過修訂，更加完善了。

金世宗重視透過科舉選拔人才，注意培養女真族的知識分子。

西元一一六六年，金世宗開始置太學，學生最初只有一百六十人，後發展到四百人。一一七六年又設置府學十七處，有學生上千人。金世宗尤其注意培養女真貴族子弟，他派人把《論語》、《孟子》、《老子》等，都譯成女真文字，供女真貴族子弟學習。

西元一一七一年，創設女真進士科。兩年以後，又創設女真國子學，在各路設女真府學，聘請新科進士為教授。對女真貴族子弟承襲猛安、謀克的職位，金世宗要求他們要學會一種文字，即女真、契丹或漢字。

這樣，使得女真貴族的教育程度大大提高了。

金世宗對狀元、進士，不僅要求其有才，而且要求人品要好。他規定，狀元品行不好的，要除名。對中狀元的人，先要訪察他在鄉里的品行，品行好的，才能按狀元的待遇對待。

金世宗一朝，科舉制從人數到考試科目、到中舉的質量，都有了發展和提高。官吏中有很大一部分，來自科舉考試。

科舉制的發展，為金朝政府廣招人才，進一步充實了統治集團。他是一位女真民族傳統的堅定捍衛者，他為保存女真文化可謂殫精竭慮，不遺餘力。

在軍事策略上，金世宗即位後不僅平息了契丹人移剌窩斡領導的牧民大起義，還對南宋採取守勢。他首先向南宋聲

明，南侵是完顏亮的錯誤，希望能重新按照紹興和約行事。其次對南宋的軍事行動保持克制，不予以還擊。

西元一一六四年，金世宗主動和宋朝議和。但對於南宋一直要求改變宋朝皇帝接受金國國書的禮節和河南土地的要求，金世宗卻不肯讓步。

隆興和議之後，他把來自中原參加南征的步軍都遣返回家；同時派官員到漢人起義密集的山東地區，招撫正隆時期因苛重的兵役和勞役鋌而走險的農民，只要及時歸農，罪名一律赦免；對宋戰爭一結束，僅留六千人戍備，其餘士兵也都放回。

對待北邊的蒙古，金世宗認為是心腹之患，他經常派兵去「減丁」，就是消滅一部分精壯的男子，並且還修築了壕邊堡。保衛了中原文明不受侵害。

對待西夏和高麗，金世宗一直保持睦鄰友好的姿態。他堅絕不支持高麗權臣的叛亂，對西夏的一些細節方面的東西也不深究。

對於金國境內的契丹人，金世宗把他們遷居到內地，讓他們和女真人混居，使他們放棄遊牧，改為農耕生活。加強了對他們的控制。

金世宗還進行了經濟方面的改革。為了與民休養生息，安定社會秩序，他頒發了免奴為良的詔令，提高了生產的積極性。

他還採取了重視農桑、獎勵墾荒，進一步開弛禁地，實行增產者獎，減產者罰等一系列措施，發展了農業和畜牧業。

金世宗還平均賦稅差役。金初對人戶三年一籍,清查其人口、驅奴、土地和資產、據以排定戶等,徵收物力錢,徵發差役。但貴族、官僚和地主以各種方式隱瞞財產逃避稅收,而貧苦人戶卻負擔重稅。

為改變賦役不均現象,金世宗下令分路通檢天下物力,因標準不一,諸路不均,百姓不堪承受。又頒布「通檢地土等第稅法」,統一各路標準,輕重不均的現象始有所改變。

對於遇有水旱災害的地區,實行減免租稅的辦法,減輕人民負擔,穩定了生產情緒。

金世宗的經濟政策,促進了金朝榷場貿易的空前活躍,成為金朝與南宋、西夏以及北方少數民族經濟聯繫的主要管道。

金朝在與宋朝邊境線上設立的榷場,自東往西有泗州、壽州、潁州、蔡州、息州、唐州、鳳翔府、秦州、鞏州、洮州等,密州膠西縣則是金宋海上貿易的窗口。金朝與西夏貿易的榷場主要有綏德州、保安州和蘭州。

與北方少數民族在慶州朔平、淨州天山和東勝州等地也進行榷場貿易。

榷場貿易既是遼宋夏金之間經濟文化交流互補的重要方式,對官方也是一筆不小的財稅收入。僅金朝每年從南宋購買的茶葉就耗資三十餘萬兩。金宋之間的榷場貿易在金世宗時發展勢頭迅猛。

金世宗孜孜求治,虛心受諫。

　　金世宗曾經親至上京大宴宗室、大臣和故老，席間，他親自唱女真歌曲，詠嘆王業之艱難和守成之不易，唱到「慨想祖宗，宛然如睹」時，慷慨悲咽，不能成聲。一個專制制度下的帝王，時時能有這種憂患意識和民本思想，誠屬難能可貴。

　　金世宗本人又提倡節儉，而且注意興修水利，鼓勵民間發展手工業生產。

　　因此，從金世宗大定年間開始，金朝的經濟得到了全面的恢復和發展。這時，金朝的統治達到了全盛時期。

　　歷史上，有人把這個時期稱作「大定仁政」，號為「小康」，而把金世宗譽為「小堯舜」。

閱讀連結

　　金世宗重視對官吏進行考察。他評定官吏的標準是看政績的好壞。好的得到升遷，差的予以除名，賞罰分明。

　　有一次，金世宗得知有個叫左淵的貴族子弟，在任漕司時貪汙錢糧，非常生氣，就好意勸他改正錯誤。但他堅持不改，後又盜用物資。金世宗當機立斷將他除了名，永不敘用。

　　還有一個叫徒單貞的人，是太子妃徒單氏的父親。當這個皇親國戚的貪汙罪行被揭發之後，金世宗除要他退回全部贓款、贓物外，還把他降了職，又削去他夫人的爵位。

元代忽必烈改制

■忽必烈畫像

孛兒只斤·忽必烈是元代的創建者，廟號元世祖。他是卓越的政治家和軍事家，蒙古民族光輝歷史的締造者。他在位期間，首創行省制，加強中央集權，重視農業生產，治理河道，強調儒學治國，使得社會經濟逐漸恢復和發展，為元朝的統一行動奠定了良好基礎。

忽必烈的改制順應了蒙古遊牧民族封建化進程加快的趨勢，他在征服中原後，接受了發展程度較高的中原漢族為主體的農業封建文明。由於忽必烈大行漢法，使得元朝的經濟實力大為加強，並進兵剿滅了南宋殘餘勢力，實現了中國歷史上的又一次大一統。

忽必烈年輕時就思「大有為於天下」，並熱心於學習漢文化，曾先後召元好問、王鶚、張德輝、張文謙、竇默等問以儒學治道。他在蒙哥汗時受命治理漠南漢地軍國大事。

變法圖強：歷代變法與圖強革新

近古時期 推行新政

在後來的西元一二七一年十一月，他在建國十多年之後統治地位已經逐漸鞏固時，才正式建國號為「大元」。忽必烈就是元世祖。

從此，大都成為元代多民族國家的政治中心。明、清兩代，北京一直是國家的首都。元大都的修建，影響是深遠的。

忽必烈在大都建都，不僅使疆域遼闊的大都成為了國際化的大都市，還使之成為了一個集政治中心與經濟文化中心為一體的大城市，使得元代經濟實力，文化教育以及政治管理方面得到了空前高漲的發展，這可以說是元代飛躍發展的一個階段。

忽必烈的政體更新，首先是成立了中書省，由王文統擔任中書省平章政事，張文謙為其主要助手，任中書左丞。中書省主要負責處理大多數的政務。

西元一二六三年，他建立了樞密院，負責軍事。五年後，最後一個主要機構御史臺成立了，負責監察和向忽必烈報告漢地官員的情況。

這些機構在各省都設有分支機構，負責執行中央政府決定的政策。這些機構負責全國事務，此外還有很多專為大汗和皇宮提供服務的特殊機構，例如內務府、將作院等。

忽必烈簡化並整合了行政管理系統。他採取了高鳴的建議，廢除了自唐朝起就設立的門下省和尚書省，但保留了中書省，六部也併入中書省，該機構全權負責行政事務。

由於只有一個機構負責，行政管理應該進行得更順暢。呈報皇帝的所有奏摺都要經過中書省過濾，中書省負責起草法律，解決「涉及死刑之案件並設斷事官輔助之」。

中書令經忽必烈批准，得作出重要決策，由各部負責執行。左丞相和右丞相負責向皇帝提出建議，併負責六部，而六部則負責貫徹執行政府政策，並在中書令患病、出行或無法視事時代行其政。

忽必烈在農業經濟方面改革的關鍵是勸農。

西元一二六一年，他創建了一個機構勸農司，並任命八名官員開展支持農業經濟的計劃。忽必烈選擇姚樞總領該機構，顯示了他對農業的重視程度。同樣，勸農司的官員又挑選了一批精通農業的人員幫助農民耕作土地。

最終，一支規模龐大的官僚團隊被動員了起來，其職責是促進農業生產以及有效利用土地。還規定以轄區內百姓人口、戶數的增加、開墾田畝的數目、賦稅是否公平作為衡量官吏政績好壞的標準。

忽必烈還詔令勸農司編成《農桑輯要》一書頒行全國，指導農業生產。

忽必烈制定政策，促進土地的恢復，減輕農民賦稅。他禁止牧人在農田裡放牧牲畜。此外，他希望削減封地的權力，這對保護農民利益同樣是很關鍵的。他盡力限制對老百姓提出過分的要求。

按照忽必烈所實行的新體系，原先農民向封地領主繳稅改為向政府繳稅，然後，稅收收入由政府和領主平分。農民每年只需繳納一次稅，不必再擔心領主反覆無常地徵稅。

有時他還會豁免那些被徵召承擔特別勞役者的稅。忽必烈一再發布命令，要求他的使節和軍隊不要向當地農民濫徵稅。

忽必烈希望幫助農民自己動員起來，促進經濟的復甦。至西元一二七〇年，他發現了一個合適的機制，這就是社。這是一種由政府支持的新的農村組織，大約由五十戶組成，每個社有一個社長為其首領，首要目標是刺激農業生產，鼓勵墾荒。

忽必烈對社所頒布的命令包括：助耕，植樹，開墾荒地，改善防洪和灌溉設施，增加絲綢生產以及河湖養魚等。社長要獎勤罰懶。

對於手工業，忽必烈在政府內設置了一定數量的機構，用於組織工匠和保障工匠的利益。這些家庭作坊負責提供首飾、衣物以及紡織品等，以應宮中所需。另外，公共建設項目也需要技術熟練的工匠提供服務。

為了獲得手工業者的忠誠，並幫助他們取得成功，忽必烈制定了有利於工匠的規章制度。政府向他們提供定量的食物、衣物、食鹽等，並豁免他們強制性勞役的義務。

規定還允許他們在市場上公開出售自己製作的物品。因此，在忽必烈的統治下，工匠是一個令人羨慕的職業。

對市場經濟方面，忽必烈的政策使商賈興旺發達。

商人總是被看作寄生蟲，本性詭詐，嗜財如命，因此以前不少帝王試圖規範他們的商業活動和利潤，嚴重的甚至取締他們的商業活動，沒收他們的營利。

忽必烈對商人並沒有這種成見，他給予了他們相當高的社會地位。因此，貿易活動在中國境內繁榮起來了，對外貿易也很興旺。

穆斯林商人在中國與中亞、中東以及波斯的陸上貿易中擔當了仲介的角色。他們進口駱駝、馬匹、地毯、藥材以及香料等，出口中國的紡織品、陶瓷、漆器、生薑、桂皮等。

他們把中國的瓷器、絲綢以及銅錢等從東南港口城市泉州和福州運往西方，並運回寶石、犀牛角、藥材、熏香、地毯、胡椒、肉荳蔻以及其他香料等。在當時，一些中國瓷器是專為出口而設計的。

個體商家和商人協會在蒙古語中叫做「斡脫」，他們對中國的經濟作出了很大貢獻。

元代法律要求，外國客商進入中國以後，必須立即把他們的貴金屬換成紙幣。這項政策給政府帶來了巨額財富，而商人也願意遵守這項規定，因為政府同時賦予他們開展對華貿易的權力以賺取豐厚利潤。斡脫向政府提供了非常寶貴的服務，而朝廷則大力扶持斡脫。

例如，在蒙古征服戰爭期間，斡脫向蒙古貴族提供了急需的貸款。作為報償，忽必烈於西元一二六八年設立了一個斡脫監管機構。

　　該機構負責把來自蒙古貴族或政府的資金貸款給斡脫，月利息僅為百分之零點八，對比其他借貸者百分之三的月利息要低得多。

　　為了促進貿易並增加商人的利益，忽必烈決定在其轄區內流通紙幣。忽必烈是第一位在全國範圍內建立紙幣流通系統的蒙古統治者。

　　忽必烈在執政的第一年，設計出了三種類型的紙幣，其中之一在他任期內一直在使用。第一種漢語叫「絲鈔」，是以絲綢為本位的貨幣。其他兩種中統元寶鈔和中統銀貨，則是由銀子儲備支持的銀本位貨幣。中統元寶鈔最後贏得了人們的信任，成為最流行的貨幣。

　　這些紙幣在當時可能很容易得到並且使用很廣泛，因為馬可·波羅在敘述他十三世紀在華生活的時候，曾對紙幣有過詳細的描述。至少直至西元一二七六年，這套貨幣系統運行良好，部分原因是忽必烈嚴格控制了紙幣的發行量。

　　忽必烈幫助商人的其他方式還包括運輸系統的改善。忽必烈大力提倡修路，在路的兩旁種有楊柳和其他樹木為道路遮蔭。

　　另外，他還建立了驛站，雖然最初是專為傳送官方郵件而設計的，但是也用於方便貿易活動。除了接待旅行的官員和外賓之外，驛站也用於客商的客棧。

　　在忽必烈統治末期，就有一千四百多個驛站，擁有可供役使的馬大約五萬匹，黃牛八萬四千頭，騾子六千七百頭，馬車四千輛，小船將近六千艘，綿羊一萬一千多隻。

每個驛站的規模不等，但都有為旅客投宿準備的客房、廚房、大廳、牲畜圈棚、糧倉等。在一般的情況下，信使騎馬在驛站協助下一天內能跑四百公里，以遞送重要訊息。這在十三世紀乃至以後的世紀都不能不說是一種了不起的高效率的郵政服務系統。

忽必烈的政策在許多方面都促進了貿易，同時也顯示了他對商人的關心。他的統治是很成功的，商人的生意異常興隆。

其他階層的人們和行業群體，在忽必烈的統治下似乎也比在漢人皇帝統治下過得好。比如，醫生就是一個受到元代政府青睞的職業

注重實用的蒙古統治者重視醫學，因而使之成為一個很有吸引力的行業。醫師的職業收入豐厚，並可透過影響患者，實踐儒家思想中的仁愛理念。而且，醫生經常被豁免勞役和其他賦稅義務。

在政府的支持下，醫生的社會地位得到了極大提高。

忽必烈這一系列經濟措施，使飽受戰亂破壞的中原地區的農業生產及商品經濟基本上得到了恢復，有的地方甚至有了發展，為中原文明的保存和延續提供了可靠的物質基礎，也為蒙古社會制度的封建化注入了新的物質內容。

在科技方面，忽必烈非常尊崇天文學家和其他科學家，並邀請了許多外國科學家來到中國。

西元一二五八年，波斯人在阿塞拜疆的馬拉蓋修建了觀測站。他們製造了新的天文觀測儀器，並且有了重大發現。

變法圖強：歷代變法與圖強革新
近古時期 推行新政

　　西元一六二七年，忽必烈邀請波斯天文學家札馬魯丁來到中國傳授這些發現。札馬魯丁帶來了圓球形的天體圖、日晷、星盤、地球儀以及天象儀等，作為禮物獻給元廷。他還獻給忽必烈一本新的更精確的日曆，漢語叫「萬年曆」。

　　西元一二七一年，忽必烈終於建立了穆斯林天文學院，即「回回司天臺」。在這裡，中國天文學家郭守敬利用波斯天象圖和演算結果，製造出了自己的儀器，並設計出了他自己的日曆《授時歷》，該日曆在稍作修改後在明代被廣泛使用。

　　在忽必烈統治期間，穆斯林對地理知識的傳播和地圖繪製也作出了重要貢獻。隨著阿拉伯和波斯的旅行家、商人帶來關於中亞和中東的訊息。地理學在中國蓬勃興起，並採用了阿拉伯資料中關於中國以外其他地區的資料。元代繪製的世界地圖可能是以穆斯林資料為基礎的，對亞洲和歐洲的標寫相當準確。

　　他提出修建三學，設立教授從事教學，開設科舉來選拔人才，考試時以講經義為主，辭賦，策論次之。開設學校後，應選擇開國功臣的子孫們來上學接受教育，挑選明智通理的人才負責教育方面事務。下令地方州郡對孔廟加以祭祀。以禮樂安定天下太平。

　　他以國家專門的資金供養天下那些不會做買賣而又沒有財產的名士和老成博學的儒生，保障其基本衣食住行。

在當時，孔廟的建設更進一步具體體現了忽必烈為獲得儒士精英支持所作出的努力。元代代表定期向這位賢哲獻祭，並在孔廟舉行儀式。

他建立國史院，令王鶚招募史館編修者、學士以及起草人。儘管在忽必烈任期內，無論是《遼史》還是《金史》都沒有完成，甚至在他統治期間還沒有動筆起草，但是王鶚畢竟為金朝史的修撰構想了一個有組織的計劃。而忽必烈及其幕僚對此構想及其初步實施也功不可沒。

忽必烈的一系列漢化改革舉措，推動了農業生產的發展和社會經濟全面復甦，鞏固了封建國家的統治，加強了中央集權和對邊疆地區的管轄，促進了民族交往和中外交流。

實行「漢法」加強了民族交往和中外交流，促進了多民族國家的發展，實現了更大範圍的大一統，更促進了統一的多民族國家的鞏固和發展。

閱讀連結

忽必烈的鐵騎包圍大理城以後，姚樞講勸諫他不要濫殺。他採納姚樞等人建議，派使臣前去勸降。

大理國王段興智有歸降之意，但大權在握的高和等人不想投降，並暗中將使者殺害。

忽必烈下令屠城。姚樞苦苦相勸無果。這時，劉秉忠把當權者比作牧羊人，把老百姓比作羊群，他說：「牧羊人得罪了你，你拿無辜的羊出氣，這公平嗎？」

忽必烈立即下令「止殺」。

　　在這些漢族儒生的影響下，忽必烈對軍隊約束較嚴，這在當時是很不容易的。

近世時期 矯國更俗

　　明清兩代是中國歷史上的近世時期。明清之際是一個大動盪，大分化，大改組的年代，有的史家稱之為「天崩地裂」的時代。

　　明代張居正的改革、清代洋務運動和戊戌變法，是中國封建社會末期的一縷彩霞。改革浪潮中各派力量對現實的態度與主張，說明了變革與反變革的矛盾一直存在著。

　　不過，追論成功與失敗，他們卻為今天的改革者們提供了經驗與教訓，讓這些不畏艱難的後來人，沿著漫漫的變革之路繼續前行。

▌明代張居正改革

■張居正畫像

張居正是明代政治家和改革家，辦事勤勉，講求效率為緩和社會矛盾，從維持明王朝的長遠統治出發，在政治、經濟、國防等各方面進行了一系列改革。這次改革，成為明代走向沉暮歷程中的一道亮光，使十分腐敗的明代政治有了轉機。

透過改革，強化了中央集權的封建國家機器，基本上實現了「法之必行」、「言之必效」，使明政府的財政收入增加，社會經濟恢復和發展，國庫充盈，倉庫糧食可支用十年，並且在國防上增強了反侵略的能力。

張居正出身於寒門。但他自幼聰穎絕倫，早年得志，十六歲中舉，二十三歲就以二甲進士及第的身分，被選為翰林院庶吉士。從此，他躋身政壇，開始了坎坷而又輝煌的政治生涯。

在數十年的宦海生涯中，張居正一向注意觀察和思考社會現實中的諸多難題，悉心探究歷代盛衰興亡的經驗教訓。他曾於西元一五六八年向明穆宗上了一封《陳六事疏》，試圖革除嘉靖以來的各種弊端。

張居正提出的改革主張主要有禁絕空言、講究實際，整肅風紀、嚴明法律，令行禁止、提高效率，嚴明考課、選拔人才，輕徭薄賦、安撫民眾，訓練軍隊、嚴守邊防等。

雖然在當時的情況下，這些主張還未能付諸實施，但我們從中可以窺探出張居正改革的最初藍本，可以說，這是張居正全面改革的前奏。

西元一五七二年，穆宗駕崩，太子朱翊鈞繼位，改元「萬曆」，即明神宗。

明穆宗在位時，十分信任張居正，因此他遺命張居正等三個大臣輔政。由於明神宗年幼，於是一切軍政大事都由張居正裁決。

張居正改革首先從整頓吏治開始。他認為當時朝野政治腐敗、民不聊生的主要原因在於「吏治不清」。為了整頓吏治，以達到為官清廉，治政清平，讓人民生活安定，從而使封建政權長治久安的目的，張居正於西元一五七三年推行「考成法」。

考成法提高了辦事效率，減少了各部門的相互推諉、扯皮，為精簡機構、節省政府開支提供了可能。稍後，張居正便下令裁減部院諸司冗官和各省司、府、州、縣官，以提高

官吏的素質和行政效率。這些，都為此後張居正推行的各項改革奠定了基礎。

透過整頓吏治和精簡機構，張居正獲得了一個效率較高、得心應手的行政團隊，為推動經濟改革做了思想上和組織上的準備。

張居正對嘉靖、隆慶時期行賄受賄、貪汙腐敗的社會狀況深惡痛絕。因此，在整頓吏治的過程中，他果斷採取措施，整治腐敗，決心扭轉政風士習，令出必行，有罪必罰，以重振往日的輝煌。

張居正在懲治腐敗的過程中，清洗了一批奸邪庸碌之人。這些果敢嚴厲的措施，表現了張居正懲治腐敗、「廓清濁氛」的決心和魄力。

明神宗曾經屢次嚴令懲貪追贓，張居正也就提出，對違法犯贓者，「不問官職崇卑，出身資格，一律懲治，必定罪而毫無赦免。」

在張居正柄國的十年間，據《國榷》記載，關於懲貪的敘述有十六處，涉及各級官吏、軍官以及擾民的宦官。

在懲貪的同時，張居正竭力倡廉舉能。他認為，選拔官吏應該「以操守為先」，廉潔且有能力者為最佳人選。他還主張不循資格，不惑浮譽，官吏黜陟皆繩之以品行與才能，並向明神宗建議恢復中斷已久的皇帝面獎廉能的制度。

奢風與貪風相長，懲貪必須抑奢崇儉。封建時代，帝王之舉動，為萬民所瞻，士大夫所效。因此，張居正一直諫說

明神宗恤財節用人，在他的堅決抵制下，宮中許多不該浪費的錢財，較前有所減少。

在整頓吏治的同時，張居正還大力開展開源節流的經濟改革，對帝國財政大加整頓。在節流方面，他起用水利專家潘季馴治理黃河。潘季馴採用堵塞決口、加固堤防的辦法，束水攻沙以使河道暢流，基本上緩解了困擾多年的水患，從而節省了巨額的河政開支。

張居正還規定官員非奉公差不許輕擾驛遞，違者參究，內外各官丁憂、起復、升轉、改調、到任等項，均不得動用驛傳，以厘革驛遞冗費之弊。

為了開闢財源，增加財政收入，張居正還重新丈量土地，改革稅制。他選派精明強悍的官員嚴行督責，在全國重新丈量土地，清查漏稅的田產。

他任用張學顏制定《會計錄》和《清丈條例》，頒行天下，限令三年內各地要把清理溢額、脫漏、詭寄等項工作辦妥。至西元一五八〇年，據統計，全國查實徵糧田地達七百多萬頃，朝廷的賦稅收入也因而劇增，國庫充盈。

為了進一步改變嚴重的賦役不均，減輕無地或少地的農民的浮稅，適應社會經濟發展的新形勢，張居正在清丈土地的基礎上，實行了賦役制度改革。

一五八一年，張居正通令在全國推行「一條鞭法」。這是自唐朝行「兩稅法」以來，中國賦稅史上的又一次重大的改革。

「一條鞭法」又稱「條編法」，其主要內容有：

　　統一役法，並部分地「攤丁入地」。主要是把原來的里甲、均徭、雜泛等項徭役合併為一，不再區別銀差和力役，一律徵銀。

　　一般民人不再親自出力役，官府需要的力役，則拿錢僱人應差。向百姓徵收的役銀也不再像過去按照戶、丁來出，而是按照丁數和地畝來出，即把丁役部分地攤到土地裡徵收，這就是所謂「攤丁入地」。

　　田賦及其他土貢方物一律徵銀；以縣為單位計算賦役數目；賦役銀由地方官直接徵收，以減少各種弊病。

　　一條鞭法的實行，在中國賦役制度改革發展的歷史進程中具有劃時代的意義。

　　第一，簡化了賦役的項目和徵收上的手續，大大限制了地方胥吏從中的營私舞弊；

　　第二，賦役折銀的辦法，有利於僱役制度的發展；

　　第三，從當時的社會實際來說，一條鞭法的實行，也有利於資本主義萌芽的進一步發展。

　　張居正在進行政治、經濟等方面的改革時，重視整飭軍備，加強邊防。在薊州一帶，他任用戚繼光鎮守，練就守邊的精兵，修築了沿邊防線的「空心敵臺」，還因地制宜地練習車戰戰術，保衛了東起山海關、西至居庸關長城一帶沿線的邊防。

　　歷史學家則稱讚戚繼光鎮守薊州十六年，「邊備修飭，薊門晏然」，戚繼光也深得人民的擁護和愛戴。

在遼東，張居正重用李成梁。李成梁作戰能力高強，善於指揮禦敵，威望甚高。在他鎮守遼東期間，曾多次平息東北少數民族的進犯，保衛了東北邊境的安寧。

張居正還在東南沿海地區分段設寨，修整兵船，嚴申海禁。在他當政的萬曆初年，基本上肅清了多年以來一直困擾明廷的「南倭北虜」的邊患。

張居正的改革猶如曇花一現，旋即凋謝。張居正離世後，保守勢力得勢，進行了迅猛的反撲，張居正的長子不勝刑罰而自縊，次子和其他幾個孫子充軍遠方，家屬因被查抄餓死十餘人。

支持改革的官員如吏部尚書梁夢龍、兵部尚書張學顏、刑部尚書潘季馴、薊鎮總兵戚繼光、寧遠伯李成梁等，均遭到排擠迫害；而從前遭到張居正打擊的人，大都被重新起用，以致朝政發生重大變化，考成法、一條鞭法被廢止，張居正改革在其身後慘遭失敗的厄運。

張居正改革是在明代中葉以來社會危機日益嚴重的情況下實行的政治變革。在張居正秉政期間，對明王朝的政治、經濟、軍事等進行了多方面的改革，整頓了吏治，鞏固了邊防，國家財政收入也有明顯的好轉。

據記載，萬曆初年太倉的積粟可支用十年，國庫的儲蓄多達四百餘萬，國泰民安，國力臻於極盛。

從這些方面來看，張居正改革確實取得了重大的成就。因此，他被明代著名思想家、文學家李贄譽為「宰相之杰」。

　　總之，張居正以超人的膽識，儘量利用了歷史舞台所能給他提供的條件，去大刀闊斧地進行改革活動，並成功獲得了比商鞅、王安石變法所取得的更大的成果，其中有若干歷史經驗，值得後人借鑑。

閱讀連結

　　張居正非常注重對小皇帝的教育培養。

　　一次，張居正講了宋仁宗不喜歡佩帶珠寶玉器的故事，小皇帝接著就說：「是呀，應當把賢德有才能的大臣當做寶貝，珠寶玉器對治理國家有什麼益處呢？」

　　張居正跟著啟發說：「陛下說得非常對，還有，聖明的國君都非常重視糧食，並不看重珠玉。糧食可以養人，珠玉既不禦寒又不能當糧。」

　　小皇帝高興地說：「對呀。宮妃們都喜歡穿衣打扮，我就要減掉她們的費用。」

　　張居正答：「陛下能想到這層，是國家有福啊！」

清代洋務運動

■李鴻章畫像

洋務運動又稱自強運動，是清朝政府內的洋務派在全國各地掀起的「師夷之長技以自強」的改良運動，主張發展新型工業，獲得強大的軍事裝備，增加國庫收入，增強國力，以維護清政府的封建統治。

洋務運動是近代中國第一次大規模模仿、實施西式工業化的運動，是一場維護封建皇權前提下由上到下的改良運動，並開啟了近代中國的工業發展和現代化之路。

洋務運動為中國近代企業積累了生產經驗。培養了技術力量，在客觀上為中國民族資本主義的產生和發展造成了促進作用，為中國近代化開闢了道路。

第二次鴉片戰爭後，清朝內外交困。統治集團內部一些較為開明的官員主張利用西方先進生產技術，強兵富國，擺脫困境，維護清朝統治。

變法圖強：歷代變法與圖強革新

西元一八六一年一月十一日，恭親王奕訢，會同桂良、文祥上奏的《通籌夷務全局酌擬章程六條》，竭力主張推行一項以富國強兵為目標的洋務運動。

對於是否推行洋務運動，當時出現了洋務派和守舊派兩派。在中央的總理衙門辦事大臣、恭親王奕訢，以及文祥和沈桂芬，成為洋務派在中央的代表勢力。

地方以曾國藩為代表的洋務派認為，只要在封建制度中加進一些西洋先進技術，可以鎮壓人民，可以自主自強，封建統治便可長治久安，並認為籌辦洋務，必定能得到列強的支持。

以慈禧太后為首的守舊派，高唱「立國之道，尚禮義不尚權謀，根本之圖，在人心不在技藝」，主張以忠信和禮義抵禦外侮。

洋務派與頑固派互相攻擊，鬥爭十分激烈。總理衙門是推動洋務運動的中央機構。但洋務派勢力主要不在清朝中央，而在掌握地方實權的總督和巡撫。

慈禧明白，在內外交困的形勢下，要保持清朝的統治地位，必須依靠擁有實力並得到外國侵略者賞識的洋務派。所以她採取了支持洋務派的策略。

洋務運動的內容很龐雜，涉及外交、軍事、政治、經濟和教育等。

西元一八六一年三月十一日設置中國首個外交機構總理各國事務衙門，簡稱「總理衙門」，負責掌管對外事務，後來成為推動洋務運動的主要機構。

在軍事工業方面，洋務運動初期，洋務派以「自強」為口號，透過引進大機器生產技術，在各省成立了新的軍事工業，以加強軍事力量。

安慶內軍械所是西元一八六一年曾國藩在安慶創設的製造近代武器的軍事工業，也是洋務派創辦的仿製西式武器的第一個軍事工業。主要製造子彈、火藥、炸藥等。「內」，表示軍械所屬於安慶軍內的設置。

西元一八六四年，該廠由安慶遷到南京，改名為金陵機械製造局。

江南製造總局又稱江南製造局，一八六五年由李鴻章在上海創辦。一八六七年，由虹口遷至高昌廟，經過不斷擴充，成為清政府最大的軍事工業。該廠技術和機械設備主要依靠外國，除製造槍砲彈藥外，也製造機器和修造輪船。

西元一九〇五年造船部分獨立，稱「江南船塢」，兵工廠部分人稱製造局。後分別改稱「江南造船所」和「上海兵工廠」。

江南製造總局是洋務派開辦的最大的近代工業，它用自煉鋼材仿製的毛瑟槍，趕上十九世紀後期德國新毛瑟槍的水平，它研製的無煙火藥達到當時世界先進水準。

但是，江南製造總局是官辦的，經費由清政府調撥，生產不計成本，不考慮經濟效益，缺乏發展的動力。它採用封建衙門式的管理，用管軍隊的方法約束工人，工人缺乏生產積極性，產品質量得不到保證。

變法圖強：歷代變法與圖強革新

近世時期 矯國更俗

　　福州船政局，是清政府經營的設備最齊全的新式造船廠。西元一八六六年由左宗棠在福州馬尾創辦。聘用外國人擔任技師。主要由鐵場、船場和學堂三部分組成，辛亥革命後，改稱海軍造船所。

　　漢陽鐵廠，是西元一八八九年春兩廣總督張之洞在廣州籌劃建立的，同年他調任湖廣總督，籌辦的煉鐵廠也隨遷漢陽，西元一八九〇年在大別山下動工興建，西元一八九三年漢陽鐵廠基本完工，共有六個大廠，四個小廠，煉鐵爐兩座。

　　西元一八九四年投產，開始均為官辦，從籌辦起至西元一八九五年，共用經費五百八十餘萬兩白銀。

　　中日甲午戰爭後，清政府因無力籌措經費，漢陽鐵廠於西元一八九六年改為「官督商辦」。辛亥革命前夕，漢陽鐵廠工人約三千人，每年出鋼七萬噸。

　　輪船招商局簡稱「招商局」是中國最早設立的輪船航運企業。西元一八七二年李鴻章招商籌辦。西元一八七三年一月成立。總局設上海，分局設煙臺、漢口、天津、福州、廣州、香港以及橫濱、神戶、呂宋、新加坡等地。

　　在教育方面，洋務派在全國修建了三十餘所近代新式學校，用來培養科學、軍事、翻譯人才。著名的翻譯機構同文館也於西元一八六二年建立，翻譯出版西書，推廣西學。

　　在西元一八七二年至一八七五年間，每年向美國派遣三十名幼童留學，他們大多成為重要人物。其中著名的如民國內閣總理唐紹儀與鐵路專家詹天佑。近代第一批中國留學生容閎負責選招首批留美幼童，並擔任副監督。

如果說總理衙門的成立，是洋務運動興起的的代表，那麼堅船利炮的訴求成為清中央政府的方針，也是洋務運動興起的一個重要記號。因為洋務運動引進和學習西方先進科學技術的中心內容，就是從船堅炮利引發出來的。

西元一八六一年，奕訢奏請購外國的船炮，以期早平內患。朝廷採納了這一建議。於是購買外洋船炮全面展開。

洋務派派出大批官員前往英、法、德、美等國採購軍事裝備，並成立了近代海軍，如北洋水師、南洋水師、廣東水師和福建水師。

其中北洋水師購買的「定遠」、「鎮遠」鐵甲艦號稱「遠東巨艦」，是當時遠東噸位最大，火力最強的艦隻，並在旅順修建了新的軍事基地。「平遠」是福州船政局首次自行設計建造之全鋼甲軍艦，也是十九世紀末中國造船工業的登峰之作。

十九世紀四十年代前、中期，學習西方先進技術、仿製新式武器，一時成為風氣，士子群起鑽研軍事技術並著書立說者甚多，粗略統計有：鄭復光的《火輪船圖說》，江仲洋的《鑄炮說‧附臺炮》，丁拱辰的《演炮圖說》，丁守存的《西洋自來火銃製法》，黃冕的《炮臺旁設重險說》，陳階平的《請仿西洋製造火藥疏》等。

這些仿造與著述，反映了人們把西洋先進船炮技藝轉為己有的迫切願望和要求，也表明中國將西洋新技藝轉為己有的願望已經有了實現的可能。這正是魏源等人「師夷長技以制夷」思想的體現。

　　由於前期的軍事工業耗費了大量銀餉卻沒有明顯成效，並且軍事工業所需的原料也出現短缺，洋務派決定以「求富」為口號，再發展一批民用工業以籌集資金。這批民用工業的產品很多是以市場為導向，產品在一定程度上抵制了外國資本主義國家的商品輸出。這些民用工業具有近代資本主義工業的特點。

　　在通訊方面，洋務派在西元一八七九年於天津和大沽之間鋪設中國第一條電報線路。後來又於西元一八八一年修建天津至上海的陸路電線。洋務派還修建了電報總局與電報學堂。

　　西元一八八四年，上海至廣東的路線竣工。電報總局由天津遷往上海，由盛宣懷督辦。次年，至漢口的電報接通。此後電報事業逐漸擴充，幾乎遍及各個主要城市，其中有些是官督商辦的，也有的為官辦。

　　洋務運動維持三十多年，直至一八九五年「中日甲午戰爭」爆發，中國敗給日本，其重點項目北洋艦隊覆沒，洋務運動就此結束，最終失敗。

　　洋務運動的失敗的原因有很多，包括缺乏完整的計劃、主事者缺乏遠見、守舊人士的反對、官僚政風的敗壞等。洋務運動雖然失敗，但也有一定成就，影響了日後中國的發展。洋務派抵制商品輸出，刺激了中國民族資本主義。

　　雖然洋務運動沒使中國富強起來，但它引進了西方先進的科學技術，使中國出現了第一批近代化工業企業。

奕訢在道光的幾個兒子當中最為聰敏，奕訢小時候就顯示出了他的聰明才智，即能讀書成誦。

雖然這個本事在現在的年輕人裡不算什麼，畢竟搖頭晃腦的背書不如現代質教育值得提倡，但是在接近兩百年前的清代宮廷，這個則被看得很重要。

首先他代表的是皇子的聰明程度，其次就是皇子的學問，畢竟皇帝是國家的元首，所以學問大小關係到是否能繼承皇位。但是道光皇帝確是個優柔寡斷的皇帝，直至死前仍對傳位之事下不了決心。

清代戊戌變法

■康有為雕像

變法圖強：歷代變法與圖強革新

近世時期 矯國更俗

　　戊戌變法又名百日維新、戊戌維新、維新變法，是光緒皇帝領導的短暫政治改革運動。變法深入經濟、教育、軍事、政治及官僚制度等多個層面，希祈清朝走上君主立憲之路。變法失敗引發了民間更為激烈地支持改革主張。

　　戊戌變法是中國歷史上一次愛國救亡運動，它要求發展資本主義經濟和擴大資產階級政治權力，符合近代中國發展的歷史趨勢。它傳播了資產階級新文化、新思想，批判了封建主義舊文化、舊思想，也是一次思想啟蒙運動，在中國近代歷史上具有巨大的影響。

　　洋務運動未能根本地改變清的落後，此次運動失敗後出現了要求從更基本層面，包括政治體制上進行變法維新的強烈聲音。

　　變法維新運動開始於西元一八九五年於北京發生公車上書。當時齊集在北京參與科舉會試的各省舉人收到《馬關條約》，得知了清朝割去臺灣及遼東，並且向日本賠款白銀兩萬萬兩的消息，一時間群情激動。

　　四月，康有為和梁啟超作出了呈給皇帝的萬言書，並在書中提出「拒和、遷都、練兵、變法」的主張，得到一千多人聯署。

　　五月二日，兩人連同十八省舉人及數千北京官民，集合在都察院門前要求代奏光緒帝。進京參加會試的舉人是由各省派送，依照慣例，對進京參加會試的舉人又俗稱為公車，故此稱為「公車上書」。

雖然公車上書在當時沒有取得直接實質的效果，卻形成了國民問政的風氣，之後催生了各式各樣不同的議政團體。當中由康有為和梁啟超兩人發起的強學會最為聲勢浩大，一度得到帝師翁同龢和湖廣總督張之洞等清朝高級官員的支持。

西元一八九八年初，康有為聯繫上書要求推行新政，但是康有為非四品官，無權上書皇上。

一月二十九日，康有為的奏摺首次轉呈光緒，光緒命令允許康有為隨時上書。同日，康有為第六次上書。

二月，康第七次上書，再次建議皇帝效仿彼得大帝和明治天皇的改革，並且呈上他自己的著作《日本變政考》和《俄大彼得變政記》和其他有關各國改革的書籍。

光緒連接康有為上書，便在此後每日閱讀，加強了改革的決心。

六月十日，光緒令翁同龢起草《明定國是詔》，送呈慈禧審查，得到批准，於六月十一日頒布《明定國是詔》，表明變革決心，變法由此開始。因西元一八九八年是戊戌年，故稱「戊戌變法」。

六月十六日，光緒首次召見康有為。

康有為覲見光緒帝時，開宗明義說：「大清快要滅亡了。」

光緒答這是保守官員所累。

康有為說靠那些官員推動改革等如緣木求魚，康有為用了大量的時間，力陳變革之必要。

變法圖強：歷代變法與圖強革新

近世時期 矯國更俗

　　這是光緒與康有為首次也是唯一一次會面。數日後，光緒調任他為總理事務衙門章京行走，但是官位僅至六品，而康有為早於三年前已經是六品官。

　　隨後，光緒又召見梁啟超，並且僅委派其出任六品的辦理譯書局事務。梁啟超獲得任命後離開北京，沒有再次參與新政。在整個變法的過程中，作為骨幹成員的康有為與梁啟超，各自見過光緒一次。

　　新政內容主要涵蓋教育及軍事等多方面的政策和體制。其最終目標，是推行君主立憲制。康有為向光緒皇帝贈送康有為自己的著作《日本變政考》和《俄羅斯大彼得變政記》，還有李提摩太翻譯的《泰西新史攬要》和其他有關各國改革的書。這是光緒傾向以明治維新為改革的藍本。

　　教育改革是維新派最重視的地方，細節包括：舉辦京師大學堂；所有書院、祠廟、義學及社學一律改為兼習中西學的學堂；各省設高等學堂，府城設中學，州縣設小學；鼓勵私人開辦學堂；設立翻譯、醫學、農、商、鐵路、礦、茶務及蠶桑速成學堂；派遣皇族宗室出國遊歷，挑選學生到日本遊學；廢八股文、鄉試會試及生童歲、科考試，改考歷史、政治、時務及四書五經，以及定期舉行經濟特科；設譯書局；頒發著書及發明給獎章程，保薦優秀人才。

　　在經濟建設方面，康有為強調：以工商立國，才能富國養民；因為官辦企業多有弊病，故此也著重鼓勵民辦企業；設鐵路礦務總局、農工商總局，並且在各省設分局；廣泛開設農會，刊印農報，購買農具，訂立獎勵學藝、農業程式，

編譯外國農學書籍，採用清西各法確實開墾；頒發製器及振興工藝給獎章程；在各地設立工廠；在各省設商務局、商會，保護商務，推廣口岸商埠；開放八旗經商的禁令，名其學習士農工商自謀生計；倡辦實業，促進生產。

在軍事方面，改用西洋軍事訓練；遣散老弱殘兵，削減軍餉須支，實行團練，裁減綠營，舉辦民兵；頒發興造槍炮特賞章程；籌設武備大學堂；武科停試弓箭騎劍，改試槍炮。

在政治方面，裁減冗官；設置京卿學士，以集思廣益；准許地方官與士民上書；更改上海《時務報》為官報，創設京師報館；解除報禁，允許民間創立報館。

康有為還有好些未發表的新政，如尊孔聖為國教，立教部及教會，以孔子紀年，制定憲法，開國會，君民合治，滿漢平等，皇帝親自統帥陸海軍，改年號為「維新」，斷髮易服及遷都上海等。康有為自君民合治以下的新政都得到了光緒的同意。

戊戌政變新政一開始便遭到原來各大臣的抵制。特別是北洋大臣、直隸總督榮祿，更是保守派的頭目。

西元一八九八年九月十六日，光緒帝在頤和園召見統率北洋新軍的直隸按察使袁世凱，面談後升任他為侍郎候補。此外，榮祿還以英俄開戰為由，催袁世凱急回天津。

據袁世凱的日記，之後譚嗣同於九月十八日夜訪袁世凱住處，透露皇上希望袁世凱可以起兵勤王，誅殺榮祿及包圍慈禧太后住的頤和園。

　　九月二十日，袁世凱回到天津，將譚嗣同的計劃向榮祿報告。九月二十一日回宮後的慈禧太后臨朝，宣布戒嚴，火車停駛。並立即幽禁光緒帝，廢除新政，搜捕維新黨人。

　　維新黨人中，康有為早離開北京，梁啟超逃入日本使館。譚嗣同拒絕出走，表示：「各國變法，無不從流血而成；今中國未聞有因變法而流血者，此國之所以不昌也。有之，請自嗣同始。」其他數十人被捕。九月二十八日，譚嗣同、楊銳、林旭、劉光第、楊深秀、康廣仁六人在北京菜市口慘遭殺害。史稱「戊戌六君子」。

　　戊戌變法是中國近代史上具有重大意義的事件。戊戌變法是一次愛國救亡運動。它要求發展資本主義經濟和擴大資產階級政治權力，符合近代中國發展的歷史趨勢，因此也是一次進步的政治改良運動。它傳播了資產階級新文化、新思想，批判了封建主義舊文化、舊思想，又是一次思想啟蒙運動。

　　由於變法失敗，中國失去了一批傾向在原有體制內下實行改革的精英和支持者，代之而起的是主張激烈變革，推翻原有制度和政府的革命者，最後造成了清朝的覆亡，中國兩千多年的帝制也畫上句號。

閱讀連結

　　光緒皇帝和自己的老師翁同和感情非常好。

　　有一次慈禧生病，宮裡的人全去照料慈禧了。當時貴為天子的小光緒，竟然要自己鋪床，自己倒茶喝。結果手弄流

血了，手臂燙傷了。後來帝師翁同龢實在看不下去，大罵值班太監。

此時，與親人分離好久的小光緒又找了一份安慰，他拉著老師的衣角，急著告太監對他的不公平。

翁同龢老師也是後來變法的時候一直支持光緒皇帝的，是保皇黨的，甲午海戰失敗以後的不平等條約就是翁同龢簽的字。

國家圖書館出版品預行編目（CIP）資料

變法圖強：歷代變法與圖強革新 / 杜友龍 編著 . -- 第一版 .
-- 臺北市：崧燁文化 , 2020.03
　　面；　　公分
POD 版

ISBN 978-986-516-131-6(平裝)

1. 政治改革 2. 中國史

610.4　　　　　　　　　　　108018541

書　　　名：變法圖強：歷代變法與圖強革新
作　　　者：杜友龍 編著
發 行 人：黃振庭
出 版 者：崧燁文化事業有限公司
發 行 者：崧燁文化事業有限公司
E - m a i l：sonbookservice@gmail.com
粉 絲 頁：　　　　　網 址：
地　　　址：台北市中正區重慶南路一段六十一號八樓 815 室
8F.-815, No.61, Sec. 1, Chongqing S. Rd., Zhongzheng
Dist., Taipei City 100, Taiwan (R.O.C.)
電　　　話：(02)2370-3310 傳　真：(02) 2388-1990
總 經 銷：紅螞蟻圖書有限公司
地　　　址: 台北市內湖區舊宗路二段 121 巷 19 號
電　　　話:02-2795-3656 傳真 :02-2795-4100　　網址：
印　　　刷：京峯彩色印刷有限公司（京峰數位）

定　　　價：200 元
發行日期：2020 年 03 月第一版
◎ 本書以 POD 印製發行

獨家贈品

親愛的讀者歡迎您選購到您喜愛的書，為了感謝您，我們提供了一份禮品，爽讀 app 的電子書無償使用三個月，近萬本書免費提供您享受閱讀的樂趣。

ios 系統

安卓系統

讀者贈品

先依照自己的手機型號掃描安裝 APP 註冊，再掃「讀者贈品」，複製優惠碼至 APP 內兌換

優惠碼（兌換期限 2025/12/30）
READERKUTRA86NWK

爽讀 APP

- 多元書種、萬卷書籍，電子書飽讀服務引領閱讀新浪潮！
- AI 語音助您閱讀，萬本好書任您挑選
- 領取限時優惠碼，三個月沉浸在書海中
- 固定月費無限暢讀，輕鬆打造專屬閱讀時光

不用留下個人資料，只需行動電話認證，不會有任何騷擾或詐騙電話。